엄마아빠

어머니의 부드러움이 세상을 바꾼다

어부 밥 업 부 바

이고숙 · 양승봉 지음

좋은땅

신생아 집중치료실의 크리스마스🎄

이고숙

출산을 몇 달 앞두고 피검사에서 기형아 검사가 필요하다는 소견이 나왔다. 더 확실한 것은 양수를 직접 뽑아서 검사를 해야 확실하게 알 수 있다고 한다. 검사비조차 갑자기 마련할 수 없던 형편에 어렵게 돈을 마련하고 양수검사를 결정했다. 그러나, 검사는 진행할 수 없었다. 양수의 양이 너무 모자라서 검사를 위해 양수를 뽑으면 태아가 위험할 수도 있는 상황이었다.

어찌할 것인가? 기형아인지 아닌지 알 수도 없고 안다고 하더라도 그다음은 또 어떤 고민을 해야 하는지! 젊은 부부는 손을 맞잡고 기도하며 결정했다. 결과를 그대로 받아들이기로. 장애라도 감당하기로. 그때는 그랬다. 결정하고 나서 출산을 앞두고 마지막 진찰을 위해 대학병원을 찾았다. 그런데 초음파와 사진을 찍으며 분주해지기 시작했다. 임신 기간과 아이의 크기와 여러 검사 결과를 볼 때, 아이가 태중에서 '저산소증'으로 인해 크지 못하고 위험한 상태에 있다는 것이다. 급하게 수술을 결정하고 인큐베이터를 확인하고 갑작

4

스럽게 수술방을 잡았다.

 눈이 많이 왔다. 성탄절을 앞두고 캐럴이 여기저기 흘러나왔다. 캐럴을 들으며 마취에 들어간 후 얼마나 되었을까, 아기 예수님을 맞이하는 성탄절 무렵! 펑펑 내리는 함박눈과 함께 두 손바닥 안에 쏙 들어오는 1.3kg의 작은 생명이 왔다.

 아이는 엄마 품에 안겨 보지도 못하고 인큐베이터에 안겨야 했고, 한 달 반이나 일찍 나온 탓에 자신보다 무거운 온갖 호스와 장비들에 둘러싸여 생사가 오가는 사투를 벌여야만 했다. 심장판막 이상, 저체중, 허혈증, 뇌 사진 이상, 다운증후군 소견들이 아이를 둘러싸고 있다. 너무 작아서 계속 진행되는 과정에 있고, 더 지켜봐야 한다지만 낙관적이지 않을 수 있다. 의사는 젊은 부부를 불러 만약의 상황에 마음을 단단히 하라고 위로한다. 아직 젊으니 다시 아이를 가지면 되고, 첫째 큰 아이도 있으니 너무 자책과 상심을 하지 말라 한다.

 맑고 투명해야 할 뇌 사진은 여기저기 좁쌀처럼 희끗희끗하다. 잘 버티고 건강하게 자라더라도 혹시나 언어장애나, 지체장애나, 지적장애가 올 수 있다고. 어디에도 희망은 없어 보였고, 어미로서 밀려오는 죄책감으로 평생에 쏟아야 할 눈물을 다 쏟았다. 병원에서의 매일 밤을 그렇게 보냈고 출산 전 마음의 준비로 열심히 기도하고 다짐하며 각오했지만, 티끌같이 사라졌다. 그저 울며 깨물고 온 마음과 몸으로 아파하며 우는 것 말고는 아무것도 못 했다. 남편은 위궤양과 식도염으로 집과 병원을 오가며 동분서주 꿋꿋하게 말없이 함께했다. 지금 생각해 보면 사투를 벌이는 아이가 있어서 엄마도 살 수 있었다. 아이 때문에 살아야 했다. 마음을 추스르고 정신을 차리며 앞으로의 일상과 아이 양육을 현실적으로 고민하기 시작했다. 장애라는 것도 생각해 보고 재활도 알아보고 더 나아가 엄마가 장애와 발달, 재활과 관련된 부분에 대해서 더 공부하고 알아야겠다는 다짐도 하게 되었다.

60일의 인큐베이터 생활을 마치고 2kg이 간신히 되어서 퇴원을 할 수 있게 되었다. 퇴원하는 날! 마음의 준비를 단단히 하고 마지막으로 주치의 소아청소년과장 의사 선생님을 만난다. 감사 인사를 전하고 마음의 준비와 현실적인 각오, 앞으로의 대책을 차분히 나눈다. 그리고 장애에 대한 준비와 다짐도 빠뜨리지 않고 의사 선생님께 전달한다. 그런데 갑자기 의사 선생님이 이상하다며 간호사를 부르고 분주해진다. 차트를 확인하고 엑스레이 사진들을 찾고 비춰 보면서 이런저런 이야기들이 오간다. 주치의 선생님이 사진 두 장을 나란히 놓고는 마지막으로 확인을 해 준다. "머리 사진이 깨끗해졌어요. 현재의 검사자료로 장애를 이야기할 것은 아니고요. 1년 정도 추적 진료를 하며 지켜봐야겠지만 하얗던 부분이 맑고 깨끗하게 건강해 보여요." 기적 같은 일이 벌어졌다고 생각되는 만큼 믿기지 않는다. 믿고 싶지만 믿기지 않는 게 있다. 감사와 기쁨이 컸지만, 안심이 되지 않는다.

퇴원하고 양육하면서도 계속 의심은 가시지 않았다. 아이가 한쪽으로만 기어가면 마음을 졸였다. 어떤 문제가 성장하면서 발생하고 일어날지 장담할 수 없었다. 언어의 문제로 오든, 감각의 문제로 오든, 인지적 문제로 오든지 모두를 다 해결하고 대처할 수 없지만 내가 할 수 있는 한 아이의 마음을 잘 이해하고 싶었다. 아이의 마음을 든든하게 잘 돌볼 수 있는 심리적 부분만 감당하기로 마음먹었다. 대학원을 진학해 아동심리, 아동 상담 공부를 시작했다. 작은 아이의 출산과 양육의 과정, 상담을 시작한 동기와 배움의 과정들은 지금의 상담 현장에서 아이와 엄마를 깊이 만날 수 있는 밑거름이 되었다. 그렇게 요란한 탄생을 경험한 딸아이는 작지만 다부지고, 독립심, 자율성이 높은 아이로 잘 자라 주었고 지금은 중학교 역사를 가르치는 선생님이 되어 아침마다 출근 준비에 바쁘다. 출근하는 뒷모습을 보고 있으면 더 바랄 게 없이 아직도 신기하고 기특하기만 하다. 사실은 아이를 통해 엄마가 배우고 아는 만큼 실천하고 노력해 온 과정을 통해 나 자신이 성장하게 되었다는 것이 더 신기하고 감사하기만 하다.

어쩌면 평범하게 개인적으로 흘러갔을 임신과 출산, 육아의 과정이었다. 그런데 긴박한 위험과 위기를 맞이하게 되면서 나의 의식은 아이와 엄마의 관계와 내면의 문제에 깊이 압축적으로 집중하게 되었고 삶의 중심과 관심이 크게 움직이는 경험과 선택을 하게 되었다. 어떻게 하면 아이를 행복하고 건강하게 키울 수 있을까? 아이를 키우면서 행복함과 편인함을 잘 유지할 수 있을까? 걱정과 염려, 불행과 고통이 아닌 편안하고 안정된 쉽고 행복한 양육을 할 수 있을까? 하는 고민을 배움과 실천으로 연결해서 집중하게 되었다.

이 책은 엄마로서 아이 인생을 책임지라는 무거운 짐을 던지는 책이 아니다. 엄마가 문제라고 지적하고 싶은 게 아니다. 엄마가 더 잘하라고 채근하고 싶은 게 아니다. 엄마도 아이도 행복할 수 있는 열쇠는 엄마가 가지고 있다는 것을 말하고 싶은 거다. 엄마가 그걸 믿고 발견하기를 원하는 마음뿐이다. 엄마에게 그런 능력이 있음을 확신하고 작은 마음부터 움직이면 된다는 사실을 전달하고 싶을 뿐이다. 엄마의 마음이 결정하면 뭐든지 할 수 있다는 것을 함께 믿고 서로 격려하고 확인하고 싶다. 나도 당신도 할 수 있어요. 같이해 보자 하는 거다. "그건 상담을 한 사람들이나 되는 거지."라는 말을 많이 들을 때가 있다. "그럼! 그런 말 하는 선생님 보고 내 아이 좀 키워 보라 해요."라는 말도 들어 봤다. 좋은 양육은 특별한 누군가라서 되는 것이 아니다. 특별한 기술을 가진 사람에게만 선택적으로 주어지는 어떤 것이 아니다. 다시 말해 좋은 양육은 선택사항이 아닌 필수사항이다. 아이와 엄마가 함께 성장하고 함께 행복할 권리이고 의무이다.

책이 관심하고 초대하는 것은 바로 그 필수사항에 관한 내용이다. 인간의 탄생과 성장에 반드시 거치게 되는 '임신, 출산, 양육'의 필수 과정에 관심하는 것이다. 필수는 누구나 거치게 되는 것이고 예외가 없다는 것이다. 피해 갈 수 없다는 것이다. 사람은 반드시 '임신, 출산, 양육' 과정을 거친다. 반드시 필요하다. 이 과정은 필수 과정이다. 하지만 필수라고 모든 게 저절로 되지는 않는다. 필수 과정에도 선택이 필요하다. 의식적 선택의 여지가 있다. 좋은 양육은 누구에게나 가능하고 누구에게나 열려 있다. 하지만 좋은 양육을 선택할 때 한해서다. 좋은 양육은 좋은 마음과 좋은 방식이 일치할 때 효과적이다. 마음과 방식을 일치적으로 좋은 방향으로 선택해서 실행하다 보면 좋은 양육의 결과가 나타난다. 아이의 마음과 엄마의 마음이 부드럽게 연결되면 그렇게 된다. 잘 되고 좋게 되고 그래서 편안하고 행복하게 된다.

누군가 최대한 쉽게 써 달라고 했다. 젊은 엄마들이 보고 쉽게 실천할 수 있는 내용으로 실천이 중요하다. 그런데 마음을 헤아리고 실천하는 게 더 중요하다. 마음을 알면 실천의 방법이 달라질 수도 있다. 아이의 마음이 보이고 느껴지고 이해되면 게임 끝이다. 그렇게 아이의 마음에 가서 닿으려는 엄마 마음을 이 책이 조금이라도 안내하고 연결해 줄 수 있다면 백 점이다. 만점이다. 거기까지다. 결과는 장담할 수 없다. 받는 아이의 마음도 있으니까 속단하거나 확정할 수는 없다는 것이다. 하지만 그저 누군가에게는 선배 엄마로서, 누군가에게는 동료 엄마로서 직접 경험하고, 현장에서 아픔과 고민과 갈등을 함께한 내용을 진솔하게 나누는 것만으로도 도움이 되겠다 싶었다. 이야기들은 실제 경험과 현장의 사례와 이야기들을 스케치하듯 그려내고 풀어내고 옮겨 놓은 것이나. 너무 많은 압축이 있다. 행간에 마음과 생각과 느낌이 오가면서 어떤 일들이 벌어지고 있는 것을 다 옮길 수는 없다. 순간 왔던 감각의 기억을 따라서 빠르게 옮긴 것을 다듬은 정도이다. 읽으면서 풀고 풀면서 대화해야 드러날 날것들이다. 현장에서 상담과 교육을 진행하면서 나누고 싶은 사례와 느낌을 공유하기 위해 정리된 글이다. 다만 바라기를 엄마들이 아이들과 한바탕하고서 한숨이 나고 기운이 빠질 때, '나만 그런 건 아니지. 애들도 힘들겠지. 그래, 내가 엄마지.' 하면서 아무 데나 펴서 읽고 생각하고 느끼고 덮으면서 잠깐이라도 위로와 다짐이 될 수 있다면 너무 감사할 뿐이다.

이야기를 들려주고 글을 쓰도록 허락해 준 엄마들과 아이들에게 감사한다. 함께 울고 웃는 시간 속에서 서로를 돌보고, 조금이라도 잘해 보려고 서로 애쓰는 마음을 나누자며 등 떠밀어 책으로 엮기까지 많은 격려를 해 주었다. 답답하고 굳어진 마음을 두드리고 녹이고 어루만져서 엄마가 먼저 행복하고 그 행복을 아이와 함께 나누고 싶다는 작은 바람이 전부이다.

가끔 요즘 아이들이 그렇게 행복해 보이지도 않고 또 외로워 보일 때가 있다. 겉으로는 풍요하고 풍족한 것 같지만 바쁜 경쟁 속에서 마음이 허전해 보인다. 짠하다. 경쟁의 일상에서 부모를 빼앗기고 마음을 잃은 채 살아가고 있는 듯하다. 너무 비관적인 것일까? 행복한 부부, 건강한 부모, 자녀 관계에 대한 기대와 소망이 너무 커서 그런가 보다. 그런 소망의 첫 단추를 어떻게든 끼워야 하는데 아무리 생각해도 엄마들이 먼저다 싶다. 그래서 엄마 행복 추구를 우선해 보고 싶다. 열쇠는 엄마 행복추구권이 먼저다. 남편, 아이를 뒤로하고 이기적이리만큼 자신만을 챙기라는 이야기가 아니다. 윗물이 맑으면 아랫물은 자동으로 맑다. 엄마가 웃으면 아이가 웃는다. 엄마가 행복하면 아이가 행복하다. 단순하고 간단한 원리다. 그래서 엄마가 행복해야 한다.

오늘도 행복한 엄마들! 행복할 엄마들을 응원하고 만난다. 행복한 엄마의 부드러운 사랑은 아이도, 남편도, 가정도, 사회도 바꾼다. 어머니의 부드러움이 세상을 바꾼다. 그런 '어부바'의 힘으로 엄마 아이, 우리가 모두 행복한 세상을 소망해 본다.

부드러운 엄마!

양승봉

아이를 돌보고 양육하면서 웃을 일도 많지만
한숨 쉬고 답답할 때도 많다.
힘들고 막막할 때도 있다.
그럴 때 이 책이
먼 산 바라보며 한숨 돌리는 작은 창이 되었으면 한다.
걸터앉아 잠시 쉬어 가는 빈 의자가 되었으면 한다.

책이 관심하는 바는 '엄마'다.
엄마의 사랑 실천 능력을 높이는 것이다.
아이의 행복과 건강한 성장을 돕는 것이다.
엄마와 아이가 함께 성장하고
함께 행복하도록 돕는 것이 목적이다.

엄마가 핵심이다. 마음이 핵심이다.

엄마 마음은 인간 심리의 원형이다.

뿌리이다. 기초이다.

마음속 깊이 내려가서 어떤 느낌을 바꾸려는 것이다.

어떤 느낌을 찾고 일으키려는 것이다.

엄마의 말과 눈빛과 숨소리와 손길이

엄마의 마음이

부드러워지기를 돕고자 한다.

엄마의 사랑하는 능력을 발달시키고

생각과 감정과 행동이 통합적, 일치적으로 되어

아이를 향한 사랑 실행에 성공하도록 돕는 것이다.

삶은 일상으로 이어진다.

행복은 일상에서 이루어진다.

작은 일상들이 크고 작은 행복을 만들고

그 행복들이 행복한 인생으로 이어진다.

일상은 작지만 중요하고 소중하며

순간과 영원히 함께 공존한다.

매일 부딪히고 싸우고 화해하고 웃고 떠드는

평범한 이야기는 그래서 중요하다.

별것 아닌 일상의 소소한 사건들에서

마음을 담고 사랑을 일으켜서

둘도 없이 비범한 일상과 사건으로 바꾸려는 것이다.

작은 일상은 가족 안에서 관계 속에서 먼저 경험된다.

관계는 내 안에 들어오고 나는 관계로 드러난다.

관계는 수준이 있고 질이 있고

그에 따라 자유와 행복의 정도도 다르다.

최초의 관계는 엄마와 함께 있으며

엄마 관계없는 나도 없고 세상도 없다.

우리는 관계 속에 탄생하고 관계 속에 살아간다.

그래서 관계는 우리가 살아가는 본질적 환경이다.

관계는 부드럽고 좋아야 한다.

부드러운 것은 친밀하고 가까우며

서로 갸륵하고 사랑스러워 거룩하다.

실제적이고 내면적으로

부드러운 관계 경험을 많게 하자는 이야기다.

부드러운 것은 사랑의 느낌이다.

부드러운 느낌, 사랑의 느낌이 많아야 한다.

사랑을 실행하고 경험하고

더 깊이 더 많이 체험해야 한다.

사랑의 실행과 경험과 체험을 구분해서 보면 유용하다.

실행은 내게서 먼저 출발한다. 내게서 나가는 것이다.

그래서 관계 상대에게 넣는 것이다. 인풋이다.

사랑 경험은 아웃풋이다. 나오는 것이다.

갔다 오거나 주면 받을 때 나오는 것이다.

내가 상대에게 사랑을 실행하고

대상을 만나고 관계한 후 돌아오는 것이다.

또는 상대가 나에게 사랑을 실행할 때

내가 그것을 받아들이고 반응할 때

나오는 것이 사랑 경험이다.

사랑 실행의 결과로 나오는 것이 사랑 경험이다.

인풋이 있으면 아웃풋이 있다.

사랑 실행은 사랑 경험을 불러오고 일으킨다.

사랑을 주고 사랑을 받는다고 느낄 때 일치적이다.

강하게 주는 만큼 강하게 받을 때

서로 유익하고 강력하다.

사랑받는다고 느낄 때 사랑 실행과 사랑 경험은

서로 효과적이고 생산적이다.

사랑 실행은 쉽지 않지만 그래도 할 수 있다.

노력할 일이다. 의도, 의지와 의식이 중요하다.

자발성과 지속성이 중요하다.

실행, 실천하는 것이니까

포기하지 않고 하기로만 하면

얼마든지 자주 해 볼 수 있다.

사랑 경험은 반응성과 일치성이 중요해서

장담할 수는 없다.

상대가 어떻게 느끼는지 처리하는지 내가 어떻게 받을지

주고받을 때 반응과 일치 정도에 따라 빈도가 달라진다.

사랑 경험은 간혹, 종종 할 수도 있고 자주 할 수도 있다.

경험이니까 보고 느끼고 만지고 알 수 있다.

사랑 체험은 실행과 경험의 소통이고

연결이고 통합이고 일치이다.

사랑 체험은 까다롭고 신기하고 좀 복잡하고 깊고 넓다.

그런가 하면 또 단순하고 엉뚱하기도 하고

모호해서 신비하기도 하다.

체험은 혼자서도 둘이도 여럿이도 가능하고

직접적으로도 간접적으로도 가능하다.

갑자기 일어나고 천천히도 일어난다.

어쩌다가도 오고 매일도 온다.

실행과 경험의 반복과 영향 안에 있지만

그것을 넘어서서 오기도 한다.

내가 실행하지 않아도 체험할 수 있고

내가 당장 직접적으로 당사자가 아니어도

체험은 올 수 있다.

사랑 체험은 부지불식간에 온다.

느껴지는 게 더 깊고 여운이 짙다.

사랑 체험은 자연스럽다.

자동적이다. 인위적이지 않다.

의도와 의지를 넘어 저절로 스며들듯 일어난다.

그냥 침범당하듯 습격당하듯 덮쳐 오기도 한다.

아주 좁게 오기도 하고 넓게 광활하게 오기도 한다.

사랑 체험은 온천지에 매 순간 널려 있을 수 있다.

어디에도 없을 수 있다.

숨소리, 표정 하나, 손길 하나에 훅 당할 수 있다.

비와 햇빛은

우리가 자연에서 습격당하고 점령당하는 사랑 체험이다.

책은 사랑 실행과 경험과 체험을 넘나들고 오가려 한다.

실행의 조건들과 방법들

그 과정을 안내하고 보여 주려 한다.

경험을 분석하고 해석하기도 하고

결과 감정을 점검하기도 한다.
실행과 경험이 얼마나 일치적이고 성공적인지!
그 결과의 느낌은 체험의 영역이다.

체험은 통합이다.
실행과 경험의 반복이다.
통합은 출발과 도착이며 다시 엄마의 마음이다.
마음의 깊이가 깊어진다.
실행과 경험을 원인과 결과로 연결하고,
관계로 묶었다 풀었다 반복하다 보면
자연스럽게 체험의 영역이 열린다.
자동으로 그렇게 실행하고 경험하게 된다.
감각하고 느끼며 이해해 알아가면서
이전과 다르게 실행하고 다르게 경험하고
다시 반복하는 과정에서
우리는 자연스럽게 어떤 사람이 되고
조금씩 다르게 되고 다르게 움직이게 된다.
실수와 실패의 방식에서 조금씩 벗어나고
누르고 숨기고 피하고 싶은 느낌에서
가볍게 자유로워지기 시작한다.
다르게 하는 것이 익숙해지고 새로워지면서

이전과 다른 사랑 체험이 일어난다.
그 지경까지 마음을 깊이 헤아려
실행과 경험을 반복하자는 이야기다.
엄마와 아이의 일상에서, 관계 속에서
어떻게 더 부드럽게 사랑하고 서로 행복할 수 있을까?
그 경험과 반성과 이해와 실천들의 단편과 단면들을
스케치하듯이 엮어 낸 것이 이 책이다.

실행은 능력이다. 실행은 의도적이고 의식적이다.
사랑은 능력이다. 능력은 키우고 증진할 수 있다.
사랑 실행의 성공 경험을 증진하고
사랑에 대한 체험을 향상하는 것.
의식적 연습과 실행을 통해
성공 경험을 증진하고
성공 경험의 반복을 통해
성공 체험을 증진하는 것이다.
완벽한 엄마가 아니라
충분히 좋은 것을 조금이라도
더 많게 하자는 이야기들이다.

맘먹은 대로, 생각한 대로, 실천한 대로

결과가 다시 내면으로 자리하고
내면에 자리한 체험에 근거해서 다시 실천하는 것이다.
실천적 성찰을 통해
반복적으로 수준을 끌어올리는 것이다.
계속 돌면서 조금씩 올리는 것이다.

자동적 실행은 저절로 나오는 것이고 무의식적 작동이다.
결과와 느낌도 기계적으로 정해져 있다.
자동적 사고와 행위, 정서적 기억의 반복을 깨뜨리고
선택적 사고와 행위를 통해 정서적 기억을 바꾸어야 한다.
자동적 실행의 수준을 높이는 게 중요하다.
잠들지 않고 깨어 있다는 것은 그런 것이다.
깨어 있지 않으면 알 수 없고 알지 못하면
불행과 실수는 반복된다.
깨어서 실천하고 다른 수준에 도달해서
그것을 음미할 수 있을 때 깨달음을 얻게 되는 것이다.
이 깨달음이 자연스러운 자동적 실행으로
반복되어 자연스럽게 나타날 때
우리의 수준이 향상되었다고 할 수 있다.

3개월, 6개월, 1년, 3년, 5년, 10년 그 이상?
얼마나 걸릴 것인지는 알 수 없다.

하지만 의식적 실천과 성찰을 통해
그 시간은 상당히 단축할 수 있다.

책이 관심하는 것은 엄마, 일상, 마음이다.
반복되는 일상의 모든 순간과 상황이 재료이다.
엄마의 마음은 가까이 있다.
엄마의 사랑은 일상에 있다.
행복과 기쁨은 마음이 사랑에 닿아 있는
지금 여기에 있다.
누구나 그 주인공이 될 수 있다.
그러나 아무나 될 수는 없다.
'이미 그러나 아직'이라는 미묘한 긴장 속에
떨림과 기대와 희망이 있다.

이 책은 엄마들의 부드러운 마음,
사랑의 마음을 믿고 응원하고 싶다.
엄마가 행복해야 아이가 행복하다.
엄마가 건강해야 아이가 건강하다.
엄마와 아이가 행복하면 세상이 행복해진다.
엄마가 자신에게 집중하면 아이도 세상도 모두 행복하다.
나의 구원이 먼저다.
어머니의 부드러움이 세상을 바꾼다.

목차

가득 찬
간식 서랍

쌍둥이 딸들을 키우는 엄마가 있다. 얼마나 개구쟁이인지, 집이 매일매일 전쟁터처럼 초토화된다. 치우고 뒤돌아서면 다시 원상태가 되는 건 시간문제다. 엄마는 살이 찔 사이가 없이 야위어 가고, 야위어 간 체구만큼 넉넉한 마음도 작아져만 간다.

몸도 마음도 작아지는데 목소리는 되레 커진다. 악이고 깡이다. 그래 어디 한번 누가 이기나 해 보자 한다. 아이들을 향한 "하지 마. 안 돼!" 소리가 집 안에 울려 퍼진다. 빠르게 거실을 가르며 날아가는 엄마의 목소리는 아이들과 엄마 사이도 가를 듯이 날카롭다. 매일 전쟁을 치르듯 짜증과 잔소리가 늘어나면서 사랑스러운 쌍둥이들과는 마음이 멀어지고 신경전은 점점 더 심해진다. 엄마는 아이들에게 사랑의 눈길 대신 감시와 금지의 레이저를 수시로 발사한다. 엄마 주변을 빙빙 도는 아이들은 엄마 품에서 멀어지고 숨바꼭질하듯이 시작된 놀이는 잡히면 큰일 날 것처럼 쫓고 쫓기는 추격전이 된다.

어느 날, 아이들이 단것을 너무 많이 먹는 게 아닌가 싶은 엄마는 간식을 줄이기 시작한다. '단것 많이 먹으면 살쪄! 살찌면 비만! 소아비만은 문제!' 공식이 완성된 것일까? 엄마는 단것이 제법 있을 법한 주스와 초콜릿의 양을 줄이는 것으로 시작해서 간식 제한을 과감하게 결행한다. 아이들에게는 그런 엄마가 갑작스럽고 뜬금없다. 전쟁에서 총알을 빼앗긴 것처럼 아이들은 엄마의 간식 제한을 받아들일 마음이 전혀 없다. 집 안을 초토화시키는 아이들의 전쟁놀이에 총알을 달라는 간식 시위가 더해져서 갈등과 스트레스가 극으로 치닫게 된 엄마는 상담센터를 찾는다.

비만과 간식이 이유였지만 단순히 간식을 제한한 것일까? 아이들은 어떤 느낌을 받았을까? 다시 생각하고 물으며 마음속 깊은 곳에 발을 디딘다. 엄마를 괴롭히려고 힘내는 아이들에게서 힘나게 하는 간식을 뺏고 싶었을까? 아이들과의 실랑이에서 엄마는 이미 양육의 주체로서 영향력과 신뢰와 일관성을 잃어버렸는지 모른다.

안정된 어른의 태도를 유지하고 아이들에게 필요한 행동 기준을 세우고 실행할 수 있는 적절한 방법을 제시해서 격려받으며 연습할 수 있는 과정을 진행할 수 있어야 한다. 바쁘고 정신이 없을수록 여유 있게 정신을 차리고 집중해야 한다. 어렵더라도 돌아가야 한다. 당장 소리를 지르고 엄포를 놓으면 말을 들을 것 같지만 당장 듣는다 해도 효과가 오래가지 않고 지속 시간은 점점 짧아진다.

엄마의 품이 좁아지고 갈라져 메말라 버린 걸까? 아이들에게 젖가슴을 내어주며 생명의 젖을 물리던 엄마는 어디로 사라진 것일까? 전쟁을 선포해 버린 이상 이미 엄마는 아이들이 좋아하는 것, 원하는 것을 뺏고 망치고 싶어진다. 아이들에게 짜증과 괴로움을 되돌려 주려는 마음으로 가득하다. 어떤 정당한 이유와 명분을 앞세우든 화가 난 마음은 공격과 보복의 시나리오를 따라 내달리게 된다. 화가 난 마음을 들키지 않기 위해 여러 가지 장치들로 화를 숨기기도 하고 노골적으로 드러내기도 한다. 방식과 내용이 어떠하든지 화에 사로잡혀 힘을 내는 양육과 훈육은 결과적으로 실패하게 될 확률이 높다. 육아에 지친 엄마는 간식 서랍에 자물쇠를 채우면서 마음의 보물창고를 같이 닫아 버린다.

'아이들이 먹고 싶은 것을, 먹고 싶은 때에, 먹고 싶은 양만큼, 먹고 싶은 방식으로, 기꺼이 내어주라.'는 열쇠를 건넨다. 열쇠를 사용하는 것은 엄마의 선택이다. 마이쮸를 먹는 딸들을 바라보는 게 힘들지만 참는다. 간식 서랍 안에 마이쮸를 가득 채운다. 마이쮸를 가득 채운 간식 서랍을 찍은 첫 사진을 보내온다. 얼마 지나지 않아 바닥난 서랍 사진! 다시 꽉 채워진 간식 사진! '먹는 것에 부정적 느낌을 주지 않기, 간식에 신경 쓰지 않고 편안하게 일상 보내기, 즐거운 것에 반응하고 재미있는 것에 관심하기' 등의 실천 주제를 제시해 준다.

그렇게 몇 주가 지났을까? 부정적 피드백과 지나치게 신경 쓰는 태도가 엄마의 일상에서 거의 사라져 갈 때쯤 아이들의 마이쮸 사랑은 시들해진다. 마이쮸의 단맛에 관심이 없어진다. 열고 비우고 다시 채우기를 반복하던 간격이 점점 늘어난다. 이틀에서 일주일, 일주일에서 보름으로 간격이 늘 다가는 이내 닫혀 버린다. 찾지 않으니 열 일이 없고 열 일이 없으니 채울 일도 없다. 사랑의 허기짐은 더 큰 허용을 통해 채워진다. 사랑의 허기짐은 더 깊은 수용을 통해 채워진다. 사랑의 허기짐은 충분한 공급을 통해 채워진다. 감질나게 하지 않아야 한다. 애타게 하지 않아야 한다. 다시 생각나게 하지 않아야 한다.

아이들이
먹고 싶은 것을
먹고 싶은 때에
먹고 싶은 양만큼
먹고 싶은 방식으로
기꺼이
내어주라.

간식과 음식을 말하는 것인가? 아이들이 먹고 싶은 것이 간식뿐일까? 달콤한 것이 어디 마이쮸뿐일까? 신생아들을 향해 엄마의 젖가슴을 내어 줄 때, 아이들에게 젖줄기만을 주는 것이 아니다. 품을 내어주는 것이고, 마음을 내어주는 것이다. 마음을 주는 것은 사랑을 내어주는 것이고 세상과 이어질 수많은 관계의 원천을 내어주는 것이다. 그래서 엄마의 수유는 숭고하다. 그래서 엄마의 수유는 위대하고 아름답다. 엄마의 품은 그렇게 숭고하고 위대하고 아름다운 보물 창고다.

부드럽게 안아 주는, 기꺼이 내어주는
엄마의 품에서 사랑이 넉넉한 아이가 자라고
사랑이 넉넉한 아이가 아름다운 세상을 창조한다.
어머니의 부드러움이 세상을 바꾼다.

같이 가치

마음이 같이 있어야 가치가 있다. 작은 아이의 침대 아래에는 아주 어릴 때부터 모아 둔 작은 상자들이 있다. 상자 안에는 부서진, 오래된 장난감들, 낙서 종이들, 색연필 그림, 토끼 머리띠, 심지어 10년 전 과자와 막대사탕도 돌아다닌다. 그야말로 아주 작고 사소하고 낡은 잡동사니들이다.

문제는 그 상자들이 고만고만하게 침대 아래를 차지하고는 늘 먼지를 머금고 있다는 것이다. 철 따라 옷과 이불을 정리하며 집 안 구석구석 대청소를 할 때면 나름대로 깔끔한 체하는 나에게 그 작은 상자들은 늘 골칫거리다. "제발 정리해서 버려라. 꺼내 보지도 않으면서 너! 저장장애야?", "무슨 진품명품 골동품 장사할래? 얼른 버려!", "알았어. 내가 청소하고 정리할게."

사실 아주 어릴 때부터 몰래 버리고 싶은 유혹이 없었다면 거짓말이다. 나도 모르게 청소하다가 정리해서 버리려던 것을 몇 번을 참았다. 아이에게는 추억 상자다. 20년이 넘었으니, 골동품으로 쳐

31

줄 만도 하다. 친구들이 마음을 담아 접어준 종이학, 별, 편지 등이 아직도 그대로 보존되고 있다. 그때의 좋은 느낌과 이미지들을 추억 물건에 심고 추억 상자에 담아 그 마음을 보존하고 있는 것이다.

아이의 추억이 환상적으로 담겨 있는 것들의 가치는 얼마나 될까? 물건만 보면 누가 봐도 재활용으로도 가치가 없는 그저 쓸모없는 잡동사니가 분명하다. 그러나 아이의 희로애락과 추억이 그 안에 담겨 있는 것을 마음으로 인정하지 않을 수 없다. 아이들은 마음의 환상을 통해 자기의 정체와 가치의 기억을 만들어 가고, 그렇게 만들어진 기억 속에서 자신의 현실을 꾸며 나간다. 그러니 환상은 현실인 동시에 아이 그 자체이다. 골동품 같은 추억 물건은 아이의 환상과 현실과 자신을 담고 있다. 그래서 값으로 매길 수 없는 가치가 있는 것이다. 바쁜 현실을 살아가는 어른들은 환상으로 연결된 아이들의 현실을 잘 보지 못한다.

아이의 현실에는 늘 마음의 환상이 같이 자리하고 있다. 마음의 환상은 부모들과 같이 잘 다루어져야 가치 있게 된다. 아이의 환상에 같이 들어가 주고, 아이의 느낌에 같이 머물러 주고, 아이의 현실에 같이 참여해 주는 것, 그것은 같이 가치 있는 일이 된다.

아이가 자신과 세상에 부여하는 가치는 엄마와 아빠가 같이 할 때 가능하다. '같이'의 욕구가 좌절될 때 아이는 사물에 대한 가치도, 자기 자신에 대한 가치도 느끼기 어렵게 된다. 부모와 충분히 좋은 느낌으로 만나고 같이 하는 경험이 많아야 내가 가치 있고, 사랑받는다는 느낌이 가득하게 되고 그러면 어떤 친구와도 어떤 상황에도 가치 있는 같이의 임무를 수행할 수 있게 된다. '같이'의 가치는 같이 있어 주고 같이 해 줄 때 만들어진다.

우리 아이들은 언제 자신이 사랑받는다고 느낄까? 엄마, 아빠가 나를 보고 웃을 때! 원하는 것을 기꺼이 수용할 때! 부를 때 한 번에 대답해 줄 때! 부드럽게 나를 안아 줄 때! 아이들은 자신이 소중하고 가치 있는 사랑받는 느낌을 받는다. 돈이나 시간이 많이 들지 않는 데도 가치 있는 결과를 낳는다.

그런데 어렵다. 아이스크림을 또 사 달라고 조르면 돈을 주고 사 먹이기는 쉬운데 그 안에 마음을 기꺼이 같이 주기는 어렵다. 아이들은 마음을 먹고 자란다. 같이 있어 주고 같이해 주는 마음을 먹고 자란다. 마음먹고 마음을 먹이자! 마음이 같이 있어야 가치가 있다. 마음이 같이 가면 자신의 가치를 알고, 같이 하는 세상이 얼마나 아름다운지를 가치 있게 같이 가꾸는 아이로 성장할 것이 분명하다. 마음이 같이 있어야 가치가 있다.

공부 시키려면 밥을 잘 먹이자

상담에 오기만 하면 엄마를 고발하기에 바쁜 아이가 있다. 초등학교 고학년의 건강한 체구를 가졌지만 말을 건네면 어리광을 부리는 미취학 아이가 등장한다.

"엄마는 밥도 안 주고, 다른 먹는 건 안 된다고만 해."

"엄마가 하는 건 다 맛없어."

"엄마는 내가 좋아하는 건 아무것도 안 해 줘."

주로 이 아이는 밥에 대한 불만을 호소한다. 마치 엄마가 한 번도 밥을 안 차려 줬던 것처럼 말이다. 엄마는 말한다. 늘 차려 준다고. 그것도 신경 써서 힘들게 밥상을 차린다. 아빠는 라면을 주거나, 즉석식으로 대충 처리하지만, 엄마는 가족의 건강을 챙기기 위해서 매번 노력해서 한 끼 식탁을 차린다. 엄마들의 수고는 두말할 필요도 없다. 그런데 아이들은 밥상에 관심이 없고 심지어 아무것도 안 해 준다니! 너무 불공평하고 억울한 일이다.

식탁과 밥 먹기는 매일 반복되는 아주 중요한 일상이다. 아이의 발달과 성장에도 많은 영향을 준다. 몸만이 아니라 특히 마음에도 중요하다. 먹는 것은 음식만 있는 게 아니라 마음도 있기 때문이다. 마음이 건강해야 공부도 잘할 수 있다. 그래서 밥상은 몸과 마음과 공부가 출발하는 플랫폼이다. 밥상에는 메뉴와 반찬, 칼로리의 차이만 있는 게 아니다. 일단 혼자서 차려 먹는 밥상은 제외이다. 아이들은 혼자서 먹을 수 없기 때문이다. 부모가 주어야 먹을 수 있다. 혼자 찾아서, 차려서 먹을 수 있을 때는 다 큰 때다. 아이가 아니다. 부모가 잘 차려 주고 잘 먹을 때 혼자서도 잘 찾아서 차려 먹을 수 있다. 바쁜 현대인의 일상이지만 부모는 아이의 밥상을 잘 차려 주어야 한다.

기분 좋게 잘 차려진 밥상에, 기쁘게 초대되어 행복하게 먹는 밥이라면 무엇을 먹든지 피가 되고 살이 되어 건강하고 튼튼해질 것이다. 그런데 다른 밥의 경우가 너무 많다.

핀잔과 지적 후에 먹는 밥!
달라고 떼써서 먹는 밥!
강제로 끌려 나와 먹는 밥!
정신없이 빨리빨리 욱여 넣는 밥!
눈치 보고 혼나며 먹는 밥!

이상하게 맛없는 밥이 있다. 메뉴와 반찬 수와 영양가에 상관없이 비싸고 화려해도 맛없는 밥이 있다.

아이와 햄버거를 함께 먹은 경험이 있다. 햄버거 포장을 다부지게 잡고 이쪽, 저쪽으로 방향을 돌려가며 소스와 토핑이 새어 나오지 않게 먹는 동생과 다르게 이쪽으로 돌리면 소스가 흐르고, 저쪽으로 돌리면 토핑이 삐져나온다. 쟁반 위에 햄버거를 내려놓으며 "안 먹어."라고 말한다.

이날은 참 안타깝다 못해 속이 상했다. 초등학교 고학년이 햄버거를 다루기를 버거워하며 소화해 내지 못하는 모습이! 식탁에서 기분 좋은 일들이 많았다면 식탁을 탐험하는 데 열정을 쏟았을 텐데! 차려진 밥상이 흥미로웠다면 미각을 자극하기에 충분했을 텐데! 흥미롭고 기분 좋은 식탁의 자극이 입과 혀와 손의 적극적인 놀림을 만들 수 있었을 텐데! 맛있는 밥상이 신체 협응은 물론 뇌 발달과 신체 심리적 통합을 통해 만족감과 행복감을 추구하는 호기심과 적극적인 탐색을 더욱 잘하는 아이가 되었을 텐데!

구첩반상을 차리라는 말이 아니다. 밥 먹는 일부터 아이가 흥미를 느끼고, 기분 좋게 밥상을 대할 수 있도록 해야 한다는 것이다. 어떤 상황에서든 흥미에 호기심이 더해져야 공부라는 걸 하게 된다. 그래서 공부를 시키려면 밥을 잘 먹여야 한다. 흥미와 호기심이 생기도록, 만족감과 행복감이 커지도록 밥을 잘 먹여야 한다.

음식만이 아니라 마음도 잘 먹여야 한다. 엄마의 기분 상태와 컨디션에 따라서 밥상의 날씨와 메뉴가 오락가락해서는 안 된다. 음식에는 손맛만 있는 것이 아니라 마음 맛도 있다. 눈도 맞추고, 웃음도 오가고, 격려와 칭찬도 건네야 뼈로 가고 살로 가고 마음으로 가는 밥이 된다.

고기도 먹어 본 사람이 잘 먹듯이, 사랑도 받아 본 사람이 할 줄 안다. 사랑 맛을 알고 사랑을 잘 먹을 수 있는 아이가 되게 하려면 먼저 밥을 잘 먹여야 한다. 아이들을 고독한 편의점에게 뺏기지 말아야 한다. 아이들을 사랑의 허기에 노출시키지 말아야 한다. 고독과 허기짐은 우리의 사고를 가로막는다. 허전하고 심심하고 기분이 안 좋으면 아이스크림과 초콜릿을 찾아 빨리 기분 전환을 하고 싶어 한다. 단당류를 섭취했을 때는 일시적으로 기분이 좋아지는 효과는 있지만 포도당처럼 오랜 시간 지속되면서 뇌를 활성화시키는 일들은 잘 일어나지 않는다. 생각하고 처리하고, 분석하는 능력을 앗아 간다. 공부 머리가 자라지 않는다. 밥을 잘 챙겨 먹어야 밥이 천천히 포도당으로 변해서 뇌가 일할 수 있는 에너지가 된다. 그러니 공부를 시키려면 밥을 먹여야 한다. 밥은 탄수화물 흰쌀밥만을 말하는 게 아니다.

'엄마가 밥이다.'
– 언제 먹어도 질리지 않는 밥!
'엄마가 밥이다.'
– 힘들 때에 한 입만 먹어도 힘이 나는 밥!
'엄마가 밥이다.'

- 고독과 허기를 달래고 잊게 해 주는 든든한 밥!

아이는 엄마를 먹어야 살 수 있다. 엄마의 살과 피로 낳고 엄마의 살과 피인 젖을 먹고, 엄마의 품과 마음을 먹으며 자란다. 아이는 엄마 마음을 먹고, 엄마 사랑을 먹고 자란다. 밥을 먹어야 살 수 있 듯이 아이에게 엄마는 평생 살아가며 먹어야 할 밥이다. 엄마인 내 가 밥인 것은 축복이고 행운이다. 아이는 음식만 먹고 크는 것이 아 니라 엄마를 통째로 먹고 자란다.

음식만 먹이고 키우는 것은 사육이다. 밥이 건강해야 한다. 균형 있어야 한다. 안정되어야 한다. 부드럽고 행복해야 한다. 잘 먹어 야 건강하고 몸도 마음도 머리도 균형 있게 잘 자란다. 그러니 공부 시키려면 밥을 잘 먹이자! 밥인 엄마가 밥상을 어떻게 차려 주고 먹 이는가에 따라서 그대로 아이가 된다.

아이가 좋아하는 먹거리를 준비하고, 잔소리하지 말고 기분 좋게 주자. 밥에 담겨 있는 사랑의 깊이와 넓이를 아이가 경험할 수 있도 록 마음껏 주자. 아이가 원하는 것을, 원하는 때에, 원하는 방법으 로, 원하는 양만큼, 기꺼이 차려 주자. 맛있게 충분히 만족스럽고 행복하게 배불러 본 아이는 기다리고 참을 줄도 알고 나누고 베풀 줄도 안다. 아이가 라면을 먹고 싶다면 어떻게 할까? '계란 톡톡 2 개 라면!', '엄마 마음 2배 라면!' 기쁘게 주자! 맛있게 먹으면 0칼로 리다.

공포의 공수 인사

    대한민국은 동방예의지국이다. 예의는 중요하다. 그 첫 번째가 인사이다. 인사는 기본이다. 인사만 잘해도 사람이 참 바르게 보인다. 첫인상이 좋아진다. '안녕하세요.', '안녕히 계세요.'를 잘 가르쳐야 한다. 그래야 바르게 보인다. 괜찮아 보인다. 그래서 우리는 아이들의 인사에 그렇게 목숨을 거는 것일까? 사람을 보고 인사를 하지 않고 멀뚱멀뚱 보거나, 모른 체하거나, 엄마 뒤로 숨으면 엄마들은 당황한다. 인사를 못하는 것은 곧 기본이 안 되어 있는 아이로 낙인찍힌다. 내 아이가 인사를 하지 않으면 기본을 못 가르친 엄마의 체면이 구겨진다. "인사해야지." 그리고 덧붙인다. "똑바로~.", "어린이집에서 안 배웠어?" 그다음 따라붙는 게 '공수 인사'이다. (두 손을 배에 모으고 하는 인사) 내 체면 지켜보겠다고 아이 체면을 구긴다.

    인사는 사람을 대하는 관계의 첫 느낌을 표현한다. 예절과 예의라는 차원도 있겠지만 성격에 따라 주변에 있는 모든 어른들에게 인사하는 애들이 있는가 하면, '저 분은 처음 보는 사람인데 인사를 해야 하나? 낯설어서 이상한데 어떻게 하지!' 부끄러움이 많고 생각이 많아 인사를 유보하는 아이들도 있다. 예절, 예의는 잘 가르치는 게 맞다. 하지만 재촉하면 안 된다. 강요하면 안 된다.

아이들의 모든 행동에는 나름의 이유가 있다. 24개월이 지나면서부터 아이는 관계에서 상호작용하는 방식과 태도를 모방한다. 그런 과정에서 예절과 예의라는 것을 알기 전에 자연스럽게 만남의 태도를 주의 깊게 모방하면서 인사를 배운다. 인사의 방법과 태도를 자연스럽게 습관이 되도록 하는 시기이니 부모가 먼저 잘 보여 주고 가르치면 될 일이다. 다만 내가 아이를 잘 키운 기준으로, 다른 사람을 향한 나의 기본을 보여주는 체면으로 아이의 예의범절을 내세우지 말자는 것이다. 아이가 인사를 유보할 때 엉덩이를 툭 치며, 인사하라는 협박을 거두자! 머리를 힘주어 누르면서 인사하라는 요구를 철회하자! 인사하는 아이에게 '공수'하라고 퇴박 주기를 멈추자!

"지금은 아이가 조금 쑥스러운가 봐요."
"눈으로 인사했네요."
"엄마가 먼저 인사할게."
"엄마랑 손잡고 같이 인사해 볼까?"

사람을 만나고 자연스럽고 편안하게 신뢰를 표현하는 것은 예의범절 이전에 관계와 느낌의 영역이다. 편안하고 신뢰하는 관계 경험과 느낌이 새로운 만남에서도 그런 기대와 바람을 담아 인사를 낳는다. 상담을 마치고 가는 많은 아이들은 인사를 하기도 하지만 손바닥으로 하이파이브를 하거나, 눈빛 교환만으로 인사를 대신하기도한다. 그런 아이들을 향해 버릇이 없거나, 인사성이 없거나, 예의가 없다는 생각은 한 번도 해 본 적이 없다. 반가운 사람과 나누는인사! 서로의 안부를 물으며 축복하는 인사! 존경과 감사를 담는 인사! 신뢰와 사랑을 표현하는 인사! 어디 그뿐인가? 아쉬움과 기대를담은 인사! 아픔과 슬픔을 담은 인사! 그 대상과 상황과 느낌과 형식은 너무 다양하고 방대하다. 인사는 그렇게 다양한 감정과 상황을담고 형식과 마음을 조합해 가며 다양하게 경험하고 배워 가는 느낌의 영역이 크다.

인사 한 번 하지 않는다고 체면이 구겨지지 않는다. 오히려 체면세우려 강조하는 공포의 공수 인사가 아이 체면과 내 체면을 구긴다. 제발 아이들을 향해 공포의 공수 인사를 강조하지 않기 바란다.체면에 빠진 공수 인사는 공포만 남는다.

과몰입! 과밀집!

드넓은 초원이 펼쳐진 뉴질랜드의 자연 경관은 그야말로 장관이다. 양과 소들이 한가로이 풀을 뜯으며 자유롭게 오가는 모습은 마음을 탁 트이게 한다. 넓은 들판을 보며 환호하고 있던 우리에게 여행 가이드는 유머를 던졌다.

여기서는 옆집에 놀러 가려면 차를 타고 30분 이상을 가야 옆집 친구랑 놀 수 있다고 한다. 뉴질랜드에서 '농가'는 우리나라에서 시골의 농촌주택이 아니라 수영장이 달린 풀빌라 저택이다. 한국에 유학 온 뉴질랜드 대학생이 "우리 할아버지는 농부야!"라는 말은 우리나라에서 '우리 할아버지 재벌이야!'라는 말이다. 여기저기에서 "아~!" 하며 고개를 끄덕였다.

낙농업이 주요 산업인 뉴질랜드에서는 한 목장에 있는 말과 소, 양의 숫자는 우리나라처럼 몇백 단위가 아니라 보통이 몇만 단위이다. 그런데도 들판과 양, 소들은 뜨문뜨문 보이고 가끔 떼로 있기는 하지만 주변은 넓게 텅 비어 있다. 그 가운데 마음에 담긴 이야기가 있다. 뉴질랜드에서는 가축마다 한 마리가 생활하는 기본적인 공간의 크기를 정하고 일정 크기의 목초지에 일정한 가축 수를 제한한다는 것이다. 개체수의 과밀집이 동물들의 스트레스, 공격성을 높이고 심장을 약하게 만든다고 한다. 뉴질랜드 허허벌판에 있는 양 떼나 젖소들이 건강해 보이는 것이 과밀집의 예방에 있었나 싶은 생각이 들었다.

엄마들은 아이들의 사회성을 염려하면서 많은 친구, 다양한 친구들을 소개하려 노력한다. 많이 만나고 많이 어울리다 보면 사회성이 좋아진다고 생각한다. 어울려 놀 수 있는 친구와 시간과 공간이 부족한 것은 안타까운 일이다. 그러나 사회성을 높이기 위해 아이들 속으로 밀어 넣는다고 사회성이 좋아지는 것은 장담하기 어렵다. 최초의 사회성 배움터는 가정이기 때문이다.

엄마와 아이의 관계가 그 출발이다. 아이들이랑 어울리지 못하고 안 어울려서 사회성이 낮은 것만은 아니라는 것이다. 단순하게 말하면 엄마, 아빠와 사이가 좋고 잘 놀면 사회성이 좋은 것이다. 지지고 볶으며 고민도 하고 해결도 하고 소통도 하고 놀기도 하면서 가정에서 사회성의 모든 것을 경험하는 것이다. 자연스럽게 아이의 세계가 엄마와 아빠를 넘어서 놀이터와 유치원과 학교로 확장되면서 가정에서 경험한 사회성을 적용하고 다시 배우며 더 발달해 가는 것이다.

아이들은 초기 사회성을 가지고 친구들을 만나는 것이지 친구들을 만나서 사회성을 처음 배우는 게 아니다. 그러니 초기 사회성을 좋게 장착해서 더 큰 사회로 나가도록 돕는 것이 중요하다. 그러니 아이들을 과밀집 상태로 밀어 넣고, '배워라, 배워라, 사회성, 사회성'하지 말길 바란다. 우리 아이들도 스트레스와 공격성이 높아질 수 있으니 말이다. 생각해 보면 어릴 적 반에 아이들이 많아도 다 친하게 지내지는 않았던 것 같다. 많은 아이 가운데서도 친한 친구는 두서넛이 전부인 경우가 보통이다. 한 명이어도 충분할 때도 있다. 모든 아이와 친하게 지낸다는 것이 오히려 여러 가지로 생각해 볼 만한 여지가 있을 수도 있다.

아이들이 초등 저학년 때이다. 시내까지 30분 이상을 운전해서 나와야 하는 산골 시골에서 살았다. 가끔 아이들 교육과 경험을 생각하다가 넘실대는 불안으로 인해 안절부절 마음이 바빠지고 행동으로 나타날 때가 있다. 다른 집 아이는 저렇게 하는데 우리 아이들은 어쩌나 하면서 산골에서 물을 찾아 수영을 가르쳤던 기억이 있다.

'아이가 얼마나 좋을까? 나는 얼마나 기특한 엄마인가?' 아이들이 수영 강습을 할 동안, 엄마들은 좁은 휴게실에서 하얗게 김이 서린 유리창을 닦으며 창 너머의 자녀를 찾는 데 바쁘다. 다들 각자 다른 볼일과 행동을 하는 것처럼 보이지만 온 신경이 내 아이가 강습은 잘 받고 있는지, 동작은 잘 따라 하는지, 코치는 친절한지에 초점되어 있다. 좀 더 과장하면 수영장 안에 같이 들어가서 시원하게 함께 하는 기쁨을 경험하고 싶은 과몰입 상태다.

수영을 마치고 나오는 아이에게 몇 초를 기다릴 틈도 없다.

"잘했어?"

"할 만했어?"

"다른 애보다 잘됐어?"

"코치님은 잘해 줬어?"

엄마는 과몰입하여 질문 세례를 퍼붓는다. 아이는 시큰둥 말이 없다. 그러면 엄마는 30분 운전하고 나와서 아이에게 몰입한 억울함이 올라온다. "엄마는 30분 힘들게 운전하고 나와서 또 너 기다렸는데 그거 대답도 못 해 줘?"라며 보상의 신문고를 울린다.

몰입은 좋은 말이다. 과몰입은 생각해 볼 말이다. 과몰입과 과밀집이 아이들의 창조성과 사회성을 빼앗지는 않는지!

기다려!

　15년째 동거하는 '땅콩'이라는 반려견이 있다. 15년이니 목소리 톤과 눈빛만 봐도 서로의 필요를 이해하는 그런 사이라고 착각할 만하다. 어려서 배변 교육과 자율 배식 등의 교육은 안정적으로 자연스럽게 잘 이루어졌다. 하지만 개인기를 위한 훈련은 되도록 하지 않았다. 아이들이 땅콩과 놀면서 손을 달라거나 자리에 앉으라는 등의 행동을 교육하고 곧 잘 이해하고 행동하는 것을 보면 신기하기도 했다. 땅콩을 교육할 때 간식을 목전에 두고 하는 말이 있다. "기다려!"

　가만히 기다린다. 일정 시간이 지나서 "먹어!" 허락하면 먹는다. 땅콩을 향해 물개박수를 쳐 준다. 그렇게 교육을 시킬 때마다 무슨 의미가 있을까 생각하지만 본능과 충동을 참고 기다리고 있는 땅콩을 보고 있노라면 강화에 의한 조건반사라는 과학적 분석 말고 그저 주인에 대한 충성과 간식을 줄 것이라는 신뢰로 믿고 따르는 느낌이 애틋하고 귀엽기만 하다.

아이들의 경우는 어떨까? 땅콩처럼 행동에 대한 조건화가 쉽게 이루어지고 지속적으로 정확하게 반응할까? 발달적으로나 진화적으로 동물적 특성을 공유한다고 할 때, 어느 정도 행동주의적인 학습에 있어서 효과적인 부분이 있을 것이다. 그렇지만 아이들은 다르다. 더 민감하게 계속 성장하고 자라고 복잡하게 변화한다. 명령을 따르고 순종하는 수준이 아니라 명령을 하는 존재로 발달하고 계속 진화한다.

자기가 먹고 싶은 것을 충분하게 먹어 본 아이는 기다릴 줄 안다. 아이는 자신이 먹고 싶은 어떤 것을 기꺼이 먹었을 때 부모의 "기다려."라는 좌절을 희망으로 품을 수 있다. 아이의 마음에서 충분히 먹어 보고, 충분히 만족한 경험이 충분히 신뢰할만하다는 느낌으로 자리해야 "기다려."의 의미를 의지적으로 실현할 수 있다. 그게 인간의 조건화이다. 단순한 행동이 아니라 느낌과 의지와 관계가 같이 들어 있다. 충분한 만족의 경험과 느낌에서 발휘되는 의지가 조건으로 형성되지 않은 것은 무조건이다. 그런 만족과 신뢰의 경험을 고려하지 않고 기다리라는 것은 '무조건' 기다려이다. 무조건 "기다려!" 무조건 "안 돼!"는 아이들의 분노를 자극한다. 분노의 많은 부분은 알게 모르게 경험한 '거절'과 '좌절'에서 만들어진다. 아이의 한계치를 뛰어넘어 참고 인내하라는 부모의 "기다려!"에서 온다. '기다려'가 희망이 아니라 '거절'과 '좌절'로 연결되었기 때문이다.

땅콩을 향한 "기다려."의 외침도 5초를 넘지 않는 것 같다. 교육이라지만 간식을 주기 위한 골든타임의 주문은 5초 이내이다. 우리 아이들에게 골든타임은 얼마일까? 골든타임은 간식의 만족을 극대화하는 신호로써 기대감을 높이는 시간이다. 그건 거절이 아니라 희망의 극대화이고 만족의 극대화이고 신뢰의 극대화 시간이다.

엄마들이 아이를 향한 "기다려."도 그런 황금 같은 메시지일까? '기다려 봐. 곧바로 너는 너의 기대보다 더 큰 만족과 감동과 기쁨을 얻게 될 거야.' 그런 환상이 작동할까? 그런 환상으로 지금 좌절의 시간을 충분히 기다리게 할까? 다시 한번 생각해 보자. 거절을 위한 거절, 인내로 포장된 거절, 버릇을 들이겠다는 거절. '기다려! 안 돼!'의 거절을 통해 참고, 인내하고, 포기하고, 순종하는 능력을 높이겠다는 것이 얼마나 아이의 심리적 발달에 긍정적 영향을 끼칠까? 아이의 마음에 쌓이는 것은 깊은 '좌절'일 것이다.

편의점에서 아이가 원하는 것을 사 줬다면 이제 소유권은 이전됐다. 부모의 카드로, 캐시로 결제했지만, 시원하게 기꺼이 소유권을 인정하자! "반만 먹어.", "집에 가서 동생이랑 나눠 먹어.", "밥 먹고 먹어." 조건을 달지 말자! 아이 입장에서 간신히 얻은 것, 이제 내 것이 되었다고 안심할 그 순간 두 번째 거절의 '기다려'가 등장한다. 이전된 소유권을 온전히 누리지 못하고 다시 빼앗긴 듯한 아이의 느낌 위에 온전히 기꺼이 주지 못하고 본전 생각에 미련을 두고 있는 부모의 질척거림이 버무려진다. 기분이 참 좋지 않다.

'기다려'는 부모들이 더 많이 해야 할 일이다. 부모들이 더 들어야 할 말이다.

  "엄마, 내가 결정할 수 있도록 기다려."
  "엄마, 내가 동생을 사랑할 수 있게 기다려."
  "엄마, 기다림을 유연하게 할 수 있게 기다려."
  "엄마, 내가 엄마 품에 안길 때까지 기다려."
  "엄마, 내가 감정을 표현할 때까지 기다려."

우리 아이들의 외침에 듣는 귀를 열어야 할 때이다. 아이들의 외침을 듣는 귀는 마음에 자리하고 있다. 사랑한다면 기다려 주자. 마음을 열고 기꺼이 기다려 주자. "엄마가 기다릴게." 그렇게 기다리는 마음을 충분히 내어줄 때, 기다리는 시간은 점점 짧아질 것이다.
  "엄마! 이제 됐어."

나는 날 수 있어

다섯 살 남자아이는 높은 곳에 올라가기를 좋아한다. 암벽을 오르듯 어떤 장소든 불문하고 높이 오르기를 좋아한다. 책장에도 매달리고, 책상 위도 올라가고, 엄마의 몸을 타고 머리 위로 올라가는 것도 좋아한다. 오르고 또 오르면 못 오를 곳이 없을 듯하다.

어린이집 교사들을 만날 때면 이렇게 높은 곳에 올라가는 아이들을 돕는 법을 묻는다. 사고 위험에 대한 불안이 있으니 염려하는 게 당연하다. 어린이집에서는 또래를 따라 하고 싶은 도미노 현상이 있다. 어느 한 아이가 높은 곳을 오르기 시작하면 반 전체 아이들이 따라 한다. 세워진 도미노가 쓰러지는 건 시간문제다.

아이들은 왜 그렇게 높은 곳을 좋아할까? 망토 두른 그 옛날 슈퍼맨도 아니면서 왜 그렇게 뛰어내리는 모험을 즐기려는 걸까? 오래전 개그 프로그램에서 흰색 구두와 정장으로 차려입은 개그맨이 "왕년에 내가." 하면서 즐거움을 주었던 프로가 생각난다. '자신을 드러내고, 사람들의 인정과 찬사를 통해 자기를 확인하는 사람', '나를 드러내지 않으면 누구도 나를 못 알아볼 것 같은 두려움에 자신을 드러내는 사람', '외모를 통해 사람들의 관심을 끌어모으기 위해 외모 꾸미기에 몰두하는 사람' 스카프를 휘날리며, 왕년의 자신의 대단함을 드러내고 싶어 하던 그 캐릭터, 그 사람이 겹쳐진다.

아이들은 성장하면서 36개월을 전후로 이런 과대 자기를 경험해야 한다. 높은 곳에 올라갈 수 있고 뛰어 내려도 다치지 않을 것 같은 과대적 자기 환상! 유해한 것을 먹어도 탈이 나지 않을 것 같은 과대적 자기 환상! 이런 과대적 환상을 통해서 자신을 부풀려 본다. 부풀려진 자기의 경험은 물기를 머금은 눈덩이처럼, 눌러서 단단하게 압축된 빙하처럼, 어떤 환경에도 녹아 없어지지 않을 듯 바위와 돌덩이처럼 단단하게 되어 자기감의 기초에 자리한다. 바닥에 떨어져도 조각나지 않는 응집력 있는 자기가 된다. 자기가 파괴되는 것을 예방하기 위해 어릴 적 과대적 자기를 반드시 상상하고 실험하고 그럴듯하게 경험하고 연습해 봐야 한다. 부모는 다만 그런 아이의 심리를 이해하고 옆에서 지지해 주는 환경이 되어 주면 된다. 진심으로 놀라고 감탄하며 박수와 찬사를 보내 주면 된다.

놀이실에서 아이들을 만나면서 책장에 매달리는 아이를 만나면 제한도 한다. 제한하고 나면 방방에서 뛸 수 있는 대안도 준다. 함께 손을 잡고 뛰기도 한다. 어디서 어떻게 경험할지는 얼마든지 바뀔 수 있다. 다만 그런 느낌이 있으면 된다. 하늘을 날 듯한, 하늘을 뚫어 버릴 듯한 느낌을 느끼면 된다. 보자기를 어깨에 둘러 주고 방방 위로 뛸 수 있는 놀이를 제공하기도 한다.

어른들에게는 단순한 높이와 놀이지만 그 순간, 그 아이는 하늘을 날았다. 하늘을 날아본 아이가 땅에 발을 딛고 사는 현실을 직시한다. 날아 봐서 디디고 산다. 날아 보지 않으면 발을 딛는 것이 불안하고 붕붕 올라가고 싶어진다. 위험하다고 못 하게 할 생각보다 안전하게 할 수 있는 환경을 개발하고 제안해 보자! 귀찮다고 앉아서 놀게만 하지 말고, 함께 하늘을 날아 보자! 몸이 힘들고 발품이 든다. 그러나 마음의 효과와 성과는 엄청나다. 망토 두르고 탁자에서 손잡아 뛰는 게 실제로 비행기를 사 주거나 타는 것보다는 싸게 든다.

과대 자기를 충분하게 활용해 본 아이들은 그 시기가 지나면 나중에 높은 곳에서 뛰어내리라고 해도 안 뛴다. 되는 것, 안 되는 것, 누울 자리인지, 못 누울 자리인지 구분할 나이가 되어 버린다. 이미 느낌은 가져왔다. 그리고 젖병도 뗐고, 기저귀도 뗐다. 이제 높이도 가늠하고 위험도 감지하고 충분히 조절할 만한 생각과 의지가 생겼다. 애초에 못하게만 하는 환경을 경험하면 긴 시간 동안 하고 자꾸 생각나고 꼭 한 번 하고 싶어진다. 일찍 끝낼 일을 늦게까지 엉뚱하게 시험해 보고 싶어 한다.

내가 아빠만큼 힘이 센 것 같은 그 느낌! 내가 하면 다 될 것 같은 그 느낌을 느껴야 하는 그때를 지켜 주면 좋겠다. 위험하다고 창피하다고 너무 일찍 제한을 하거나, 너무 빨리 현실을 만나도록 하지 말자! 엄마를 쫓아다니면서 "엄마, 나 이거 잘했지?", "엄마! 나 이 것도 했어, 잘했지?"라는 무한 반복 문장을 듣지 않으려면 어릴 때 펄럭이고 부풀어지는 과대 자기를 소화해야 한다. "왕년에." 하면서 과거를 먹고사는 아이 어른이 되게 하지 않으려면 풍선만큼 커지는 아이의 마음을 따라 하늘을 날아야 한다.

나도 아기처럼 안아 줘

물은 계속 흐른다. 처음에는 작은 도랑물에서 시냇물로, 강물로 점점 흘러 바다와 만난다. 그런 물은 직선으로 흐르지 않는다. 굽이 굽이 돌아 돌아 흐른다. 바위를 만나고 언덕을 만나고 산을 만나면 감싸고 돌아 흐른다. 잠시 머물고 고이지만 이내 고인 물은 또 다른 높이와 힘이 되어 방향을 잡고 흐른다. 그렇게 흐르면서 더 많은 생명을 낳고 품고 만나며 계속 흘러간다. 아이들의 성장도 마찬가지다. 자연스럽게 흐르고 더 성장하며 확장된다.

아이들도 물의 흐름과 같이 여러 역경과 위기 속에서도 자신의 발달을 스스로 찾아 만들어 간다. 속도와 정도는 다르지만 저마다 발달의 단계와 과제들을 수행하며 성장하고 발달해 나간다. 그런 자연스러운 발달의 과정에 갑자기 큰 위기가 찾아온다. 바로 동생을 맞이한 때이다. 동생을 맞이한 첫째들은 자신의 성장의 흐름을 결정해야 하는 절체절명의 위기를 맞는다. 아무리 준비를 해도 저마다 동생을 맞이하는 상황은 그리 녹록하지 않은 경우가 많다. 성장하기 위해서는 부모의 돌봄과 사랑이 더 필요한 아직 아이이기 때문이다. 이처럼 당연하고 절박하며 절대적인 필요와 욕구는 퇴행의 형태로 드러난다. 지금까지 해 왔던 방식으로는 동생에게 집중된 엄마의 관심을 불러오기 어렵기 때문이다.

동생에게 집중하는 엄마를 보게 되면 첫째들은 사랑의 물줄기가 끊기는 듯한 상황을 경험한다. 엄마라는 수원지에서 나온 물이 두 곳으로 나뉘어 흐르게 되고 사랑이 그쪽으로만 흐르게 될 것이라고 예상하면 자신은 곧 마르게 되고 더 나아가지 못하게 될 것처럼 불안해한다. 가던 길을 계속 가야 하는지, 잘 나아갈 수 있을지 의심하며 머뭇거리게 된다. 그럴 때 아이는 성장의 방향을 돌려 퇴행이라는 것을 하게 된다. 어떤 아이들은 아기 소리를 하고, 밥을 먹지 않고 젖병을 달라고 한다. 기저귀를 채워 달라 하거나 대소변 실수를 하기도 하고, 어린이집, 유치원 등원 거부를 하는 등 이전에 하지 않던 이상 행동과 퇴행의 여러 아기 짓을 보인다.

아이들의 퇴행에는 두 가지 결이 있다. 양성 퇴행과 악성 퇴행이다. 양성 퇴행은 발달을 위한 일시적 퇴행이다. 잠시 아기처럼 굴었다가 곧 사랑을 확인하고 힘을 얻어 자기 발달을 향해 나아간다. 아기 짓이 자기 발달에 잘 맞지도 않고, 불편하기도 하고, 아기 짓보다 형아처럼 할 때 더 엄마가 사랑해 주는 것을 알고는 곧잘 자기 발달에 맞는 짓을 하게 된다. 자신이 경험한 엄마 사랑이 확고하고 안정될 뿐 아니라, 동생과 비교해도 다르거나 적지 않다고 느끼는 상황에서 일시적 퇴행은 나타나고 잠시 머물지만 곧 넘어선다.

이런 퇴행은 정상적이고 발달적이며 일시적이라 크게 걱정할 것은 아니다. 잠시 멈추고 고이지만 곧 길을 찾아 다시 흐른다. 잘 받아 주고 둘째보다 더 확실하게 사랑의 우위와 우선권과 강도를 확인해 주고 말해 주고 강조해 주는 기간이 지나고 나면 곧 퇴행은 시들해진다. 자연스럽게 엄마와 큰아이와 동생이 잘 지내는 경우는 걱정할 필요가 없을 것이다. 그렇다고 큰아이가 잘 협조하고 참고 곧잘 돕거나 하는 것을 마냥 반길 일도 아니다. 아직 첫째도 아기 또는 아이이기 때문이다.

문제는 악성 퇴행이다. 악성 퇴행은 일시적인 퇴행이 편안하게 허락되거나 퇴행 욕구가 충족되지 않는 경우, 그 상황과 양상이 더 악화되는 것이다. 또한 동생이 태어나기 전에도 안정되지 못했던 발달과 모자 관계가 부정적으로 반영될 가능성이 높다.

동생 이전에도 편안하고 안정되지 못했던 것들과 미해결된 발달 과제들이 동생의 출생과 함께 다시 출현하면서 더 악화되는 것이다. 그러면 부모는 신생아 한 명이 아니라 둘이 되는 것이고 그런 비합리적이고 비현실적인 상황을 편안하게 맞이하기란 거의 불가능하기 때문에 더 악화되기 마련이다. 그런 경우의 퇴행은 장기적인 악성 퇴행으로 아이의 성장을 방해하게 된다. 멈추고 고이면서 길을 찾지 못한다.

신생아를 안고 있는 엄마는 첫째 아이가 아이로 잘 보이지 않는다. 작은 신생아의 손, 발을 보고 있자니 첫째 아이의 손, 발은 너무 커 보인다. 아빠도, 첫째도 신생아를 돌보는 엄마의 협력자로 서 주기를 바라는 환상이 작동한다. 그러면 일시적 퇴행을 허락하지 않는다. 일시적 양성 퇴행을 수용하고 적절하게 인정하고 유지해 주지 않으면 자칫 퇴행이 더 길어지거나 고약해질 수 있다. 동생을 이뻐해 주는 것 같더니 엄마가 돌아서면 꼬집고 때린다. 아기는 약하고, 조심해야 하고, 막 다루면 안 되고, 잘 돌봐 줘야 한다고 설명하고 사정을 해 봐도 오히려 쓰레기통에 버렸으면 좋겠다고 화를 낸다. 아기를 더 보호하고 돌봐서 집중해야 하는 부모 입장에서는 아무래도 첫째를 향해 방어적으로 밀쳐 내거나 공격적으로 혼내게 된다. 계속해서 밀려나고 혼나고 지적받는 일들이 반복되고 강화된다. 이런 상황은 엄마가 전혀 의도하지 않아도 엄마의 의지와 한계를 넘어서 발생하기 쉽다. 신생아를 몇 시간을 간신히 안아서 잠들려는 순간, 첫째가 "나도 아기처럼 안아 줘." 떼를 쓰며 울고, 그 상황에 동생도 깨서 울어 버리는 순간, 엄마는 정신줄을 놓게 된다.

정신줄을 놓는 것은 엄마만이 아니다. 아이들마다 편차는 있겠지만 첫째 아이가 경험하는 이때의 충격은 상상 그 이상이다. 단순히 관심받고 싶거나, 동생을 시기하는 정도가 아니다. 극단적 예를 들자면 남편이 또 다른 여자를 데리고 내 집에 들어와 같이 살게 되는 경우와 같다. 그 여자는 내 남자를 빼앗아 갔을 뿐 아니라, 내 옷과 내 물건들을 자기 것처럼 사용하고, 이제까지 내가 좋아하고 내가 사랑했던 모든 것을 뺏고 독차지하고 있는 상황에 비춰 볼 수 있을지도 모른다. 마음이 어떻겠나? 제정신이 아니게 될 것이다. 극도의 상실감과 우울감, 분노감을 경험할 수밖에 없는 상태에 빠지게 된다. 지금 눈앞에 자신의 사랑을, 내가 받아야 할 눈길과 손길과 말길의 그 부드러움을 동생이 차지하고 있다고 느끼는 순간 아이는 자신의 길을 잃어버리게 된다. 어디로 가야할지 어떻게 해야 할지 너무 부럽고 너무 슬프고 너무 화나게 된다. 그러니 어떻게 제정신일 수 있겠는가? 그래도 정신을 차린 아이는 본능적으로 자신이 아기가 되었던 때로 몸과 마음을 되돌린다. 퇴행은 너무 자연스럽고 당연한 선택이다. 양성이든 악성이든 퇴행은 성장을 위한 디딤돌이다. 퇴행해야 다시 치고 나갈 수 있다. 그래서 부모가 퇴행의 상황을 어떻게 바라보고 대해 주는지에 따라서 그 결과는 달라질 수 있다. 위기에는 위험과 기회가 같이 있다.

무엇보다도 아이들의 퇴행을 두려워하지 않는 게 중요하다. 퇴행을 당연한 것으로 또한 성장을 위한 기회로 맞이하는 태도가 필요하다. 흐르는 물이 될 것인지, 고인 물이 될 것인지는 퇴행하는 아이들을 향한 어른들의 반응에 따라 달려 있다. 그러니 잠시 품어 주고, 잠시 안아 주고, 잠시 머물게 해 주면 된다. '너는 이제 컸다.'고 '이러면 안 된다.'고 강요하거나 놀리거나 설득하지 말아야 한다.

아기가 되었으니 아기처럼 대해 달라는 요구에 아기처럼 대해 주면서 아기 때의 좋은 추억을 떠올리도록 도와야 한다. 혹시라도 부족하다고 느끼는 게 있다면 이번 기회에 채워 준다는 마음으로 충분히 주어야 한다. 신생아 아기는 모르지만 첫째는 알고 있다. 이것이 역할극이라는 것을. 그러면 그 역할을 충실하게 해야 한다. 대화도 중요하다. 신생아는 말을 못 알아듣지만 첫째는 알아듣는다. 그러니 더 쉽다. 얼마나 사랑했는지, 얼마나 사랑하는지 말해 주어야 한다. 진실한 눈빛과 밝은 표정이 일치하면 더더욱 효과적이다.

조심할 부분도 있다. 숨은 의도와 목적을 가지고 아이를 설득하거나 조정하려 해서는 안 된다. 그만큼 사랑받았으니 동생한테 좀 양보하거나 허락해 달라는 듯 사정하고 의도해서는 안 된다. 그저 자연스럽게 네가 기억할지 모르겠지만 네가 아기 때에 엄마, 아빠가 이렇게 저렇게 사랑했단다. 그때 너무 좋았단다. 추억팔이를 하면 될 일이다. 아이가 느끼기에 자신을 더 사랑한다는 좋은 느낌을 전달하면 된다.

동생을 어떻게 대할지 자신의 행동을 어떻게 방향 잡을지는 전적으로 첫째 아이의 몫이다. 빨리 알려 주고 가르쳐 주고 정답을 주고 싶더라도 좀 참아야 한다. 그리고 확실하게 도장을 찍어 주어야 한다. 동생보다 너를 더 사랑한다고. 네가 첫째이기 때문에 더 능력 있고 훌륭하다고. 할 줄 아는 것도, 할 수 있는 것도 더 많고, 더 똑똑하다고. 칭찬에 칭찬을 더 구체적으로 해 주어야 한다.

신생아 동생 걱정은 할 필요가 없다. 동생을 아무리 깎아 내려도 둘째는 알아듣지 못하니 안심해도 좋다. 그저 첫째가 들으라고 하면 된다. 아기는 능력도 없고, 약하고, 알지도 못한다고. 아무리 비교해도 첫째인 네가 더 잘하고 더 똑똑하고 더 능력이 있다고. 이렇게 잘 자라 주어서 너무 고맙고 행복하고 기쁘고 자랑스럽다고. 동생도 너처럼 잘 자라도록 같이 사랑해 주자고 초대하고 동생을 바라보는 첫째를 입에 침이 마르도록 칭찬해 주면 된다. 대화는 모두 첫째 들으라고 하면 된다. 큰아이에게 보고하듯 하면 된다. 무엇보다 동생에게서 엄마가 자신을 소외시키지 않는 느낌을 전달하는 게 중요하다.

다시 강조하거니와 역시나 의도는 접어야 한다. '그러니까~' 동생을 잘 대해 주라거나 돌봐 주라거나 네가 도와주라거나 하지 말아야 한다. 위의 느낌이 충분하게 채워지고 확신이 들 때까지 해야 한다. 아이의 일시적 퇴행을 환영해 주고 더 없는 사랑으로 안아 주고 품어 주고 머물 수 있도록 퇴행을 받아내 주어야 한다.

첫째 아이 입장에서 동생보다 자신을 더 먼저 챙겨 주고, 받아 주고 사랑해 주는구나. 편애받는 느낌이 들 정도로, 엄마, 아빠가 동생보다 자신을 더 사랑으로 대한다는 느낌을 받을 강도로 대해 주어야 한다.

확신을 주는 동시에 정보도 주어야 한다. 어떻게 동생 돌보기에 같이 참여할 수 있는지 가족 안에서 역할을 주어야 한다. 정확하게 아기가 왜 도움이 필요한지, 어떻게 도와야 하는지, 지금 엄마와 아빠가 동생에게 어떤 일을 하고 있는 것인지 오해하지 않도록 행동과 마음과 상황을 구분해서 전달해 주어야 한다. 그리고 참여 방법을 제안하고, 할 수 있는 것과 없는 것을 구분하도록 도와주어야 한다.

일시적 퇴행을 잘 통과한 첫째 아이는 자신이 똑같이 사랑받는 자녀이고, 이제 동생을 사랑하는 첫째가 된다는 것을 알고 받아들이고 그 역할에 적응해 간다. 건강한 적응과 발달이다. 그럴 때 부모와 함께 협력자가 된다. 가정의 울타리 안에서 자녀로서 여전히 사랑받지만 첫째로서 동생을 챙기고 돌보는 역할을 통해 또 다른 행복을 경험하는 협력자가 된다.

신생아를 돌보고 첫째의 퇴행을 받아내라는 것이 더없이 곤란하고 힘에 부치는 것이 사실이다. 마음의 여유와 의지 없이는 쉽지 않은 것이 사실이다. 아빠의 도움이 필수적이기도 하다. 아무리 그래도 마지막으로 조심할 것이 있다. 엄마의 피곤과 불안을 첫째에게 돌리지 말아야 한다. 탓하지 말아야 한다. 첫째의 퇴행을 핑계로 엄마의 부정적 정서를 덜어내지 말아야 한다. 둘째를 돌보는 것도 첫째의 퇴행을 안아야 하는 것도 엄마가 아니면 못할 일이다. 엄마라서 할 일이다. 그 일을 첫째가 할 일은 아니다. 동생도 돌보고 엄마도 품어야 하는 첫째 아이는 언젠가 다시 퇴행할 때가 온다. 더 비싸고 더 힘든 퇴행을 받아내는 것보다 지금 어릴 때 거치는 것이 몇 배는 수익이다. 그것도 잠시면 된다. 그러니 "나도 아기처럼 안아 줘." 할 때, 아기를 내려놓고 아이를 안아 주자. 내려놓기 어려우면 같이 안아 주자. 팔은 그래서 둘이다.

니 껍데기 봤다!

　유치원에 다녀온 둘째 아이가 나뭇가지를 들고 말린 들깨 단을 두드린다. 가을걷이로 들깨를 털고 있는 할머니 옆에 자리를 잡고 앉아서 들깨 단을 들고 연신 힘주어 털고 있다. 할머니는 그런 아이를 보면서 털털한 웃음과 함께 "어이구 잘하네! 어이구 잘하네!" 아이가 나뭇가지를 내리칠 때마다 장단을 넣는다. 들깨 단의 껍질 속에서 숨어 있던 아주 까만 들깨 알맹이가 우수수 떨어져 나온다. 알맹이와 껍데기들을 모아서 키질하면 알맹이는 남고 티와 껍데기들은 날아간다. 알맹이는 자루에 곱게 담아 모은다.

　들깨를 먹을 때면 그때의 장면이 고소하게 스쳐 지나간다. 까맣고 작은 들깨 알맹이들이 어떻게 이렇게 잘 자라서 고소한 기름을 안에 담고 있을까? 그 작은 알맹이들을 감싸고 있는 껍데기를 바라본다. 알맹이가 잘 자라도록 감싸고, 지켜주는 껍데기! 알맹이를 비, 바람, 새와 벌레의 침범에서 보호해 주는 껍데기! 껍데기는 알맹이의 보호자다.

관공서의 서류 등을 작성할 때면 아이 인적 사항 옆에 항상 '보호자'라는 글자가 있다. 아직 성인이 아닌 아이를 지켜 주고 돌보고 보호하는 보호자! 성인, 어른, 부모가 보호자가 된다. 우리는 진짜 보호자일까?

명절마다 만나는 친척이 있다. 설과 추석이면 어김없이 만나니 꼭 두 번은 보는 친척이다. 할아버지부터 조카와 손주들까지 대가족이 모인 자리에서 매년 그 친척은 똑같은 태도로 자녀들 이야기를 한다. 아마도 대여섯 살 때부터 현재 스무 살이 넘었는데도 계속 된다.

"애는 그렇게 안 씻어!", "준비물을 안 챙겨!", "뭘 하라고 안 하면 꼼짝도 안 해!" 아이들에 대한 이야기는 주로 자녀들이 말을 듣지 않거나, 제대로 잘하지 못하는 것들에 대한 고발로 채워진다. 잘했으면 좋겠고 더 잘되기를 바라는 마음이라는 것은 알겠는데 내용은 전부 아이를 고발하고 비판하고 비난하는 내용이다. 아주 편안하게 자연스럽게 일상의 사적인 내용을 서슴없이 드러낸다. 성인이 된 지금은 이렇게 말한다. "운전하는데 자기 차를 안 치워!", "살 뺀다더니 운동을 하루도 제대로 못 해!", "알아서 한다더니 알아서 하는 게 하나도 없어요. 커도 똑같네!" 마치 6개월을 고발할 곳을 찾아 헤매다가 '임금님은 당나귀 귀' 대나무 숲을 찾은 듯 아들을 바로 옆에 두고 고발한다. 고발하는 사람은 바로 그 아들의 '보호자'다. 보호자는 보호해야 할 사람이 아닌가? 어릴 때부터 보호자의 이름으로 고발하는 태도가 지속되고 있다.

64

아주 어린 시절 시골에서 자란 아이들은 대부분 농번기에 한창 바쁘게 일을 해야만 하는 부모들 없이 아이들끼리 알아서 놀아야만 했다. 논과 밭에 나가서 일하는 엄마를 하루 종일 기다린다. 나이가 많고 힘이 없는 할머니는 집에서 아이들을 돌보며 끼니와 간식을 챙겨 준다. 해 질 녘 멀리서 돌아오는 엄마를 확인하고 반가운 미소를 띠는 아이를 보며 할머니는 아이에게 이렇게 말한다. "아이고! 니 껍데기 왔다. 껍데기 와서 그렇게 좋아?" 그 당시는 그게 무슨 말인지 이해할 수 없었다. '껍데기?' 무슨 껍데기, 콩 껍데기는 들어 봤는데 엄마가 내 껍데기? 아이를 낳고 부모가 된 지금 와서 생각하니 그 말은 어떤 상황에서도 자녀를 보호해야 하는 보호자의 역할과 의미를 빗댄 표현이 아닌가 싶다.

가끔 아침 일찍 교육할 것들을 정리하느라 카페에 들른다. 한쪽에는 서너 명의 엄마들이 아이들을 등교시키고 모여 앉았다. 잠깐의 수다 타임! 뒷담화의 주제는 주로 공부 이야기지만 때때로 시댁과 남편과 아이들이 주제로 오른다. 서로 힘든 것을 경쟁하듯 토로한다. '내가 더 힘들다. 말도 마라 나는 더하다.'는 식으로 스트레스를 해소한다. 남편, 자녀, 시부모를 향한 불만과 어려움을 토로하는 것이 지나쳐 고발접수장이 된다.

"애가 왜 그렇게 산만해!", "애가 왜 그렇게 눈을 깜빡거려!", "애가 왜 그렇게 공부를 못해" 남의 아이 이야기하듯 자신의 아이를 향한 속상함을 토로한다. 잘 못하고 안 되고 부족한 부분만을 콕 집어서 그게 전부인 것처럼 고발하고 비난한다. 다른 엄마가 내 아이를 홍보하는 데 거기에 보태서 남의 일처럼 더 고발한다. 심지어 아이를 위로하거나 변호해 주는 데도 아니라 한다.

좀 더 나아지고 바뀌기를 바라는 마음, 노력과 헌신에 비해 바뀌지 않는 답답한 마음, 반복되는 잔소리와 갈등에 지친 마음, 모두가 이해하고 공감이 간다. 그런데 아이의 단점과 약점을 고발하고 창피를 주고 그래서 고쳐지기를 기대하는 마음은 좀처럼 공감되지 않는다.

"산만 한 게 아니라 바다만 해지려고 그래요.", "깜빡이는 횟수가 점점 좋아지고 있어요. 바빠서 많이 못 놀아 줘서 그렇죠.", "공부는 조금 부족해도 잘하는 게 아주 많은 아이예요."라고 보호자의 주체성으로 보호해 보자. 부모는 자녀를 위한 위대한 껍데기니까! 아이의 겉과 속이 꽉 찬 알맹이로 잘 영글어 갈 수 있도록 감싸고 있는 껍데기! 그게 진짜 보호자니까!

다!
너 잘되라 그러지!

엄마들은 잘 참는다! 배고픈 것, 슬픈 것, 힘든 것을 잘도 참는다. 자녀에게 비싼 옷을 사 주고 저렴한 옷을 챙겨 입는 엄마는 자랑스럽다. 나도 먹고 싶지만 자녀의 입안으로 들어가는 모습에서 만족과 위안을 얻는다. 무거운 것도, 힘든 운동도, 어려운 공부도 잘도 참는다. 그래서 자녀들은 입도 뻥긋 못한다. 엄마를 능가할 수 없다. 엄마 앞에서 힘들다는 말을 못 한다. 그 힘든 것들을 참고 해내면서 인자하기까지 한 엄마를 둔 자녀는 더 할 말이 없다. "엄마는 괜찮아. 다 너 잘되라고 그러는 거지."라는 엄마의 말에는 왠지 모를 깊은 한숨이 묻어난다. 자녀들은 말한다. "엄마가 많이 웃으면 좋겠어요.", "내 일에 간섭을 안 하면 좋겠어요.", "엄마가 힘들지 않았으면 좋겠어요." 자기중심성이 높고 통제가 강한 부모도 부담이지만 지나치게 헌신적이고 희생적인 부모도 아이들은 부담스럽다. 숨을 쉬기 힘들지도 모른다.

엄마, 아빠가 초등 5학년 딸과 집에서 운동을 한다. 아이는 그렇게 비만은 아니지만 통통하다. 엄마, 아빠는 저녁마다 자기 관리 시간을 정하고는 수학 계산을 하듯이 정확하게 계산적으로 운동을 한다. 강박적이라고 해야 할까? 기계적이라고 해야 할까? 분위기가 심상치 않다. 무겁고 아슬아슬하다. 애정적인 대화나 격려, 공감적, 감정적 연결은 보이지 않는다. 엄마, 아빠가 아이에게 정해 준 운동 분량은 아이에게 맞춰서 정했다고는 하지만 어른들도 쉽지 않아 보인다. 그런데도 불구하고 아이는 최선을 다한다. 엄마도 아빠도 똑같이 힘들지만 참고 운동을 하고 있다. 아이는 뭔가 빚을 지고 있는 것처럼 자신을 내몰고 다그친다. '나를 위해서, 건강을 위해서 힘들지만 엄마, 아빠가 인내하며 같이 운동을 하고 있다. 하루 종일 힘든 일을 하고도 나를 위해 함께 운동을 해 주고 있다. 이것도 못 한다면 나는 목표도, 의지도, 인내도 없고 은혜도 모르는 나약하고 나쁜 아이다.' 이를 악물고 땀을 흘리며 부모를 따라서 운동을 한다. 하지만 점점 지쳐 가는 아이는 의지만큼 몸이 따라 주지 않는다. 다짐했던 의지와 열의의 땀방울은 금세 불안과 공포로 다가오며 눈물이 되어 터져 버린다. "아파! 아프다고!" 떨어져 나갈 듯 몰려오는 팔다리의 통증을 호소한다. 엄마, 아빠도 거친 호흡에 힘들기는 마찬가지다. 아이는 오죽할까? 그런데 모든 비난과 원망과 상처는 아이 몫이 된다. "누가 나 좋아라고 하니? 다 너 잘되라고 하지."

어떤 엄마는 정해진 과제의 분량을 마칠 때까지 졸거나 딴짓하는 아이를 채근한다. "다 너 잘되라고 그러지. 엄마도 얼마나 졸린 줄 알아?" 어떤 엄마는 아이의 건강을 염려하며 순수한 유기농 제품 범벅만 제공한다. "다 너 건강해지라고 그러지. 이게 엄마 좋아지라고 그러니?" 어떤 엄마는 음악에는 관심도 재능도 없는 아이를 몇 시간 동안 피아노 앞에 앉혀 놓는다. "다 너 잘되라고 그러지. 엄마가 대회 나가니?" 자녀들이 보고 싶은 건 부모들의 희생보다 부모들의 행복이다. 자녀들과 웃는 부모의 행복! 매일 소고기를 먹을 순 없어도 떡볶이와 함께하는 일상 속의 행복! "다 너 잘되라고 그러지." 희생하는 부모보다는 그저 행복한 엄마, 아빠를 볼 때마다 "뭐가 돼도 괜찮아!", "매 순간 꿈꾸고 도전하면 돼!", "너도 엄마처럼 행복하게 살 거야." 툭 던지듯 말해 주면 좋지 않을까? 나는 엄마라서 행복하고! 아빠라서 설레니까!

다
똥 같고, 진흙 같아!

초등 1학년 여자아이와 놀이실에서 만난다. 평소처럼 여러 가지 놀잇감을 탐색하고 역할극을 주고받으며 상상과 환상이 뒤엉키며 놀이를 통해 보이지 않는 마음속 탐험을 시작한다. 놀이 중간에 고무 딱지 5개를 들고 딱지치기를 제안한다. 놀이에서는 아이가 중심이 되고 주도적으로 자신을 펼쳐 가도록 돕는다. 충분히 수용하면서도 적절한 제한의 배합이 필요하기도 하고 규칙과 약속을 안내하거나 함께 정하기도 하며 상호작용을 안전하고 원활하게 돕는 것이 필요하다. 서로 즐겁게 하기 위해서는 공동의 이해가 필요하다. 딱지치기를 함께 하기 위해 간단한 방법과 규칙을 나누고 확인한다.

가위바위보를 해서 이긴 사람이 먼저 하나씩 선택하기로 한다. 내심 눈은 이미 좋은 딱지를 먼저 움켜쥐고 있었지만, 규칙 앞에 손은 주춤하고 있다. 놀이실 딱지들이 다 똑같지 않다. 어떤 것은 튼튼하고 강해 보이고, 어떤 것은 화려하다. 반면에 어떤 것은 작고, 낡고 약해 보인다. 튼튼하고 화려하고 강해 보이는 딱지들이 눈에 들어오고 그것들을 다 내 부하로 들이고 싶지만 가위바위보의 선택 방식이 가로막고 있다. 이겨야 먼저 가져올 수 있다. 싫지만 규칙을 정했으니 어쩔 수 없다. 불가피한 패배와 실망과 좌절을 먼저 견디고 통과해야 한다. 그 과정을 거치면서 또 다른 재미와 즐거움의 차원을 열어 내야 하는 과제가 있다. 현실이 그렇고 인생이 그렇다.

딱지는 다섯 개, 튼튼하고 강한 3개와 약하고 낡은 2개가 있다. 두 번이나 연속해서 이긴 나는 5개의 딱지 중 화려하고 튼튼해 보이는 딱지를 하나, 두 번째는 낡고 약해 보이는 딱지를 선택했다. 아이를 위한 작은 배려이다. 아이는 튼튼한 2개를 선택했다. 약한 딱지 한 개를 남겨 두고 아이는 울먹이는 것 같더니 끝내 울음을 터뜨린다. 점점 슬퍼지는 울음에서 이제 떼를 쓰듯 소리를 지르며 발을 구르고 울어 댄다. 상황과 울음의 간격이 크다. 경험과 감정 표현의 간격이 깊다. 그 정도로 크게 울며불며 서럽게 감정이 북받칠 일은 아니다. 이미 아이는 감정에 휩싸였다. 아이에게는 딱지가 중요한 것이 아닌 듯했다. 자신이 가위바위보를 지고, 선택권에서 밀린 것이 짜증과 분노로 표출된 듯했다. 지금 여기에서의 상황과 경험이 마음에서 이전에 어떤 감정을 불러일으키고 그 감정이 상황도 딱지도 모두 삼켜 버린 것이다.

흥분되고 부풀려진 환상적 기대는 반대로 깊은 좌절과 슬픔의 환상을 가져온다. 순간이동이 되듯이 쌍을 이룬 극단의 감정과 태도는 그렇게 순간적으로 바뀐다. 방금까지 세상을 다 가진 듯 흥분과 기대로 상기된 아이는 어디로 사라지고 좋은 것을 다 빼앗긴 아이처럼, 세상을 다 잃은 듯, 세상에 혼자 버려진 것처럼 대단한 슬픔과 고통으로 통곡하고 있다. 아이는 이미 자신의 지난 경험의 내면에 자리한 어떤 느낌을 불러와 울고 있다. 그리고 이어서 말과 행동이 터져 나온다. 자신에게 주어진 딱지를 바닥에 내던지며 쏟아낸다.

"얘네들은 못생겨서 싫단 말이에요!"
"그래. 그래서 속상하구나! 그런데 못생겨 보여도 힘이 셀 수도 있을 것 같은데."
"아니야. 선생님 바보. 내 마음도 모르고. 어른들은 맨날 규칙만 얘기하고. 선생님 미워!"

큰 눈망울만큼이나 커다란 눈물이 하염없이 떨어진다. 이럴 때는 아이의 슬픈 감정에 공감과 위로를 오가며 머물러 주어야 한다. 규칙만 이야기하는 선생님이 아니라 마음과 감정을 알아주는 선생님으로 재경험되기 때문이다. 선생님은 통과? 아이는 갑자기 엄마에게 화살을 돌린다. 느낌과 연결된 핵심 당사자들이 줄줄이 소환된다.

"엄마는 매일 나만 혼내고. 내가 잘못 안 한 것도 나만 혼내고. 내 마음도 모르면서.
아빠는 나만 미워해. 때리고 소리 지르고. 내 마음도 모르고.

어른들은 규칙만 얘기하고 맨날 혼내!

학교에서 애들은 맨날 나만 놀리고 창피하게 하고.

다 나빠. 나만 괴롭혀. 다 내 마음도 모르고.

다 똥 같고, 진흙 같아.

놀이실 안 올 거야. 나 힘들게 하는 데는 다 안 와.

죽고 싶어. 그러면 날 괴롭히는 사람이 없을 테니까!"

아이의 표현이 얼마나 정확한지 마음이 아프고 찔리고 또 아팠다. '다', '맨날'이라는 표현이 반복될 만큼의 강도에 마음이 아렸다. 아이를 키우다 보면 아이의 똥으로 건강을 점검한다. 오죽하면 '황금똥을 놓는 아이'라는 표현이 있겠는가! 바로 이 똥이 중요하다. 아이에게 똥은 내 것이면서도 내 것이 아니고, 나이면서도 내가 아니다. 내 안에 있다가도 또 내 안에 없다. 그렇게 똥은 나올 때마다 배와 몸을 흔들고 때로는 아프게 때로는 기분 좋게, 때로는 답답하다가도 시원하게 한다. 긴장과 불안을 일으켜 힘을 쓰게 하기도 빼게 하기도 한다. 몸과 마음을 흔들고 집중하게 하는 신비하고 놀라운 놈이다. 그놈을 적어도 하루에 한 번은 꼭 만난다. 똥은 몸의 건강만이 아니라 마음의 건강도 점검한다. 영향을 주고받는다.

아이가 어릴 때 보이는 똥은 엄마에게 '나 아무 문제없어.', '나 잘했지. 예쁘지.'라고 보내는 신호와 같다. 엄마는 아이의 똥을 보고 좋아하고 미소를 보이며 환영하고 또 보낸다. 이제 그 신비하고 놀라운 놈을 혼자서도 자연스럽게 환영하고 보낸다. 이제는 아무렇지도 않다. 그렇게 아이는 몸과 마음의 떨림과 균형을 신체 심리적으로 연습하며 발달하기 마련이다. 그런데, 어떤 아이는 그 똥이 아직도 자연스럽지 않다.

놀이실에서 만난 아이가 표현한 '똥 같은 진흙 같은' 표현에는 아이가 느끼는 자신과 세상을 압축해 놓았다. 좌절과 슬픔, 박탈과 고통, 상실과 외로움, 폐기감과 공허함, 말로 할 수 없는 너무 싫고 기분 더러운, 마주하고 싶지 않은 것들을 뭉쳐서 짜증과 분노와 울음으로 터뜨리지 않을 수 없는 나쁜 덩어리다. 그게 '똥'이고 '진흙'이다.

그러니 이제부터라도 아이들이 싸는 똥에만 집중할 것이 아니다. 배변 훈련을 마쳤다고 마음의 똥을 가릴 수 있는 것도 아니다. 혼자 밥은 먹어도 아직 좋은 마음을 혼자 먹기가 어려울 수 있다. 마음에서는 이유식과 배변 훈련이 다 끝나지 않았을 수 있다. 똥에 관심을 가져야 하는 이유다. 아이들의 마음이 황금 똥이 아닌 더러운 똥으로 굳어져 가지 않도록 마음의 음식을 잘 먹이는 것이 필요하다. 음식으로 먹는 것이 똥을 만들 듯이 어른들을 통해 먹은 눈빛이, 말 한마디가, 그 표정과 느낌이 아이의 마음에서 정서적인 똥이 되고 진흙이 될 테니 말이다.

아이가 뿜어내는 마음의 똥을 어릴 적 아이가 보내는 황금똥처럼 받아야 한다. 그때의 미소와 환영을 다시금 보여 줘야 한다. 어린

아이가 먹은 지난 정서적 음식들이 잘 소화되도록 도와야 한다. 그래서 무섭고 두려운, 나쁘고 더러운 똥이 아니라 신비하고 놀라운, 예쁘고 아무 문제없이 잘하는, 자연스러운 황금똥이 되도록 도와야 한다. 아이 마음속에 더러운 똥, 진흙에 대한 의심과 분노가 점점 황금빛을 띠게 되도록 부모가, 어른들이 받아 주고 환영해 주어야 한다.

더워요!
바지 벗을래요!

추운 데도 더울 때가 있다. 속이 더울 때가 있다. 마음이 답답하면 열이 나고 더워지기도 한다.

화가 나서 괴로우면 열불 난다. 마음의 불이 몸을 데운다. 다섯 살 꼬마가 울면서 씩씩대고 놀이실에 들어선다. 밖에서 무슨 사정이 있었을까? 엄마는 첫돌이 갓 지난 동생을 품에 안고 애써 모른 척한다. 엄마는 대답 없이 냉랭하고 싸늘하다. "어이쿠! 속상한 일이 있었나 보구나." 놀이 선생님의 짧은 공감 인사에 닭똥 같은 눈물을 떨군다. 선생님 위로에도 아이는 엄마만 찾는다.

"엄마 나 더워, 바지 벗을래."
"희열아, 여기 안 더워."
"더워. 답답해."
"옷도 얇게 입었는데 덥긴 뭐가 더워. 여기 안 더워."

엄마는 얼음송곳 같은 쐐기를 박는다. 아이는 마음을 땔감 삼아 몸에 불을 지핀다. 타오르는 열기는 목구멍을 연통 삼아 울음을 뿜어낸다. 우는 아이 손을 잡고 놀이실을 향한다.

"희열이 마음을 몰라 줘서 속상했나 보다."

힘없는 고개가 금방 떨어질 듯 위아래로 덜렁댄다. 고개를 잠시 멈추고 부르르 떨더니 이내 놀이에 몰입한다. 숨겨 놓은 건전지를 새로 갈아 끼운 자동차처럼 아이는 놀이의 환상 세계로 쌩쌩하게 내달린다. 손이 자꾸 바지로 간다. 꽉 낀 바지를 꼬집듯 뜯어 올린다. 서너 번을 반복했을까?

"여기 더워, 바지 벗을래요."

너무 답답했을까? 엄마에게 못 들은 대답을 듣겠다는 듯 바지를 벗고 싶다며 급하고 강경하게 요청한다.

"바지가 답답한가 보구나.
그런데 지금 바지를 벗을 수는 없어.
대신 양말은 벗을 수 있어.
바지는 집에 가자마자 벗자.

밖에 나갈 때는 희열이가 양말을 다시 신어야 해."

고개를 깊게 끄덕이며 양말을 벗어 던진다. 양말만 벗어도 한결 시
원하다. 다시 맘껏 자동차를 밀어 달린다. 놀이를 마친 아이는 약속
을 기억한다. 양말을 먼저 찾아서 한 발을 끼워 넣는다. 양말은 발목
너머로 한 뼘을 올라간다. 거뜬히 혼자 신으며 약속을 지켜낸다.

엄마를 만난다. 대기실과 놀이실에서 서로 다른 두 얼굴, 같은 아
이 다른 행동, 비록 양극단의 모습이지만 아이가 가진 긍정적 행동
가능성과 잠재력을 전달한다. 아이의 가능성에 대한 안심을 전달한
다. 하지만 엄마는 속상해하며 격양된 반응을 보인다.

"그러면 어떡해요? 바지를 벗겨 줘요?"

선생님의 성공에 대비되는 엄마의 실패를 지적받는 느낌이 들었
을까? 자신의 힘든 상황을 이해받지 못해서일까? 하소연하듯 터지
는 엄마의 답답한 억울함이 충분하게 이해가 된다. 아이 둘을 데리
고 외출하는 것 자체가! 추운 날씨에 감기를 걱정하는 것이! 안 되는
것도 있다는 걸 일깨워 주고 싶은 마음도 있을 수 있다. '또 말도 안
되는 시비를 거는 거야.', '나를 힘들게 하려는 거야.', '밀려서 지면
안 돼.', '들어주면 지는 거야.' 혹시라도 다른 목소리가 들렸다면 점
검이 필요하다.

아이의 마음 공감이 먼저다. 아이의 말을 먼저 들어주고 마음을 먼저 알아주자. 그런 후에 선택할 수 있는 대안들을 빠르게 제시해 보자. 위험과 안전의 이유를 알려 줘도 좋을 법하다. 공감을 받고 나면 능동성이 올라오는 마술적 변화를 경험할 수 있다. 기질적으로 까다롭거나 예민한 아이는 꽉 달라붙거나 끼이는 옷이 불편할 수도 있고, 불편이 불평과 불만으로 표현될 수도 있다. 아이의 표현과 요구에 엄마의 방어와 대결이 더해지면 서로 까칠해질 수 있다. 차라리 맵시를 버리고 넉넉한 옷을 선택해 보자. 옷이 문제가 아니라면 넉넉한 마음 사용을 더 많이 적용해 보는 것도 방법이다.

역시나 아이에게 넉넉한 옷, 편안한 옷을 입혀 보라는 제안에 엄마는 맵시로 응수한다. 넉넉한 옷을 입히면 아이가 이상해 보인단다. 계속 시큰둥하다. 아이 옷의 핏을 살리려다 아이 핏대 올리고 서로 피를 말리는 갈등을 반복하는 게 과연 유익한지 숙고해 볼 일이다. 맘이 상한 것일까? 하고 싶지 않은 걸까? 해 주고 싶지 않은 걸까? 답을 줘도 답이 없다. 답답해지면 노답이다.

그래도 어쩔 수 없다. 아이가 하는 말에 일단 공감해 보자! 이 아이는 진짜 더웠다. 날은 추웠지만 더웠다. 아이가 생각할 수 있는 더위 식히는 방법은 바지를 벗는 것뿐이다. 엄마의 마음이 아이 마음과 말과 요구를 담아 들어주지 않으면 아이는 몸과 마음이 요동친다. 압박이 온다. 조여 온다. 압력이 높아지고 온도가 올라가는 듯 더워진다. 엄마의 부드러움을 만나고 싶어서 울고, 또 울었다. 그

래서 더 더웠다. 그러니 일단 더울 수 있겠다고 인정하고 공감부터
할 일이다.

열 받아서 화가 나서 덥다. 공감과 만족이 없으면 답답하다. 답
답하면 열이 나고 덥다. 공감도 만족도 주지 못하고 거부하고 거절
하는 습관으로 반응하는 엄마의 대처가 아이를 덥게 만든다. 그러
면 날은 추워도 덥다. 아이가 밉고 싫고 들어주고 싶지 않으면 들리
지 않는다. 말도 마음도 들리지 않는다. 아이가 밉고 싫은 것은 내
가 밉고 싫은 것이 많아서다. 그래서 내게서 나온 아이도 밉고 싫
다. 밉고 싫으면 밀어내고 거부하고 거절하게 된다. 이유는 많다.
붙이는 게 모두 이유가 될 수 있다. 뭐든지 그럴듯한 이유는 순간순
간 여기저기 널려 있다. 엄마 마음이다. 붙이면 되고 만들면 된다.
그렇게 만들다 보면, 붙이다 보면 엄마 자신도 속는다. 깊은 마음속
에서 그것만 보게 하고 다른 것은 보지 않는다. 보이지 않는다. 거
부와 거절을 많이 경험하면 할수록 많이 울고, 떼를 쓰고, 속이 타
서 덥다. 미칠 만큼 덥다. 날은 추운데 자꾸 덥다.

"엄마, 여기 더워요."

뒤통수에 달린 눈

남편도 있고 자녀도 있다. 직장도 있는 30대 워킹맘이다. 어른이지만 내면에 산만한 아이를 여전히 경험하는 어른 아이의 이야기를 따라가 본다.

나는 세 살 터울의 오빠가 있다.
엄마, 아빠는 오빠를 더 예뻐했다.
아주 어릴 때부터 먹을 것도,
좋은 것도 항상 오빠가 먼저였다.
오빠니까 그럴 수 있다.

오빠는
엄마, 아빠랑 같이 있을 때,
나랑만 따로 있을 때,
말과 행동이 달랐다.

둘만 있을 때면

험한 말과 행동으로 위협하고 괴롭히는 일이 잦았다.

그러나 그런 말과 행동은 오직 나만 알 뿐

부모님께 들킨 적이 없다.

오빠와 있을 때의 힘든 일에 대해

부모님께 도움을 청했지만

도와 달라는 요청과 내용은

고자질과 거짓말이 되어 덮어졌다.

도움의 요청은 매번 엄마, 아빠가 없는 틈을 타서

더 정교한 괴롭힘으로 되돌아왔다.

초등학생이 되면서는 엄마, 아빠가 잠든 밤이면

몰래 방에 들어와 때리고 괴롭히기도 했었다.

오빠의 괴롭힘은 한 번도 들킨 적이 없다.

나는 산만하다.

집중할 수가 없다.

공부하기 어려울 지경이다.

공부하려고 책상에 앉아 있으면

언제 오빠가 와서

긴 내 머리를 낚아채서 끌어낼지 무섭다.

어디에 있든 나의 눈은

주변을 분주하게 탐색하느라 바쁘다.

나는 일을 마무리하기 어렵다.
해야 할 일에 집중하기 어렵다.
언제 그 싫고도 무서운 느낌이 현실이 될지
두려움에 떨며 긴장하는
내 뒤통수에 있는 눈을 의지해야 했다.
그렇게 유쾌하지 않은 상처는
내 몸과 마음에 흔적이 되어
성인이 된 지금도
빠른 걸음과
흔들리는 눈동자와
산만한 정서를 가지고
여전히 뒤통수의 눈 시력을 관리한다.

나는 결혼했다.
오빠도 가정을 꾸렸다.
나는 여전히 주변을 살피느라 산만한데
오빠는 좋은 직장에 부족함이 없어 보인다.
여전히 누군가 내 머리를 만지면 싫다.
누군가가 내 뒤통수에서 아른거리는 느낌이 싫다.

이 어른 옆에 있으면 덩달아 분주해진다. 이 어른 옆에 있으면 덩달아 주변을 두리번거리게 된다. 이 어른 옆에 있으면 덩달아 생각이 만 갈래로 튄다. 누군가에게는 쉽게 잊히는 기억이 누군가에게는 감각적 앎을 발휘해서 온몸의 감각이 온몸의 기억 세포가 사건을 기억한다.

성인이 된 이 어른의 어린아이가 말하듯이 어릴 적 기억은 쉽게 사라지지 않는다. 감각적으로 각인되고 새겨져서 순간순간 자동 재생된다. 36개월까지 최대한 자녀를 향해 좋은 느낌을 주라고 외치는 이유 중에 하나다. 몇 차례의 실수가 있더라도, 몇 번의 위로를 놓치더라도 좋은 기억이 있으면 상처를 훈장으로 바꾸는 작업이 쉽다. 쉽고, 가볍게 내 인생 시나리오를 다시 쓸 수 있다. 우리의 기억을! 아이들의 기억을 가볍게 여기지 말자!

똑같은 거 집에 있잖아

놀이실에는 7개의 크기가 다른 뽀로로 인형들이 있다. 난 아무리 봐도 크기만 다르지 다 똑같은 뽀로로인데 아이들은 뽀로로가 갖고 있는 차이를 정확히도 찾아낸다. 이건 안경 색이 다르고, 이건 목도리가 다르고, 이건 여기 색이 더 짙다고. 어떻게 알았을까? 나의 주의력이 문제였을까? 동심을 잃고 부주의한 탓일까? '뽀로로 캐릭터 인형'이라는 카테고리에 묶어서 다 똑같은 것으로 처리하는 사고력 탓일까? 아이들의 관심사와 주의력은 뭔가에 빠져들게 하는 마음 깊은 어떤 것과 연결된 듯하다. 드러나지 않게 섬세하게 차이를 구분해 내는 자신만의 어떤 내적 감별력을 갖추고 있는 듯하다.

"사 줘. 이거 갖고 싶어."
"집에 똑같은 거 있잖아."

장난감 마트에서 부모와의 전쟁이 벌어진다. 팽팽한 대결이다.

집에 있는 것과 뭐가 달라도 다른 그것을 사고 싶은 아이 마음도, 이왕이면 다양한 걸 사 주고 싶은 엄마 마음이 동시에 공감되는 상황이다.

취미가 직업이 되는 경우가 있다. 취미 삼아 관심하다가 전문가가 되고 그 전문성으로 경제적인 수익까지 확장해서 그야말로 좋아하는 일로 돈을 버는 경우다. 그런 경우를 소개하는 프로그램에서 '피규어 로봇 디렉터'라는 새로운 직업을 소개하는 경우를 보았다.

어릴 때 관심했던 태권브이 만화를 마음에 최애로 정하고 태권브이와 사랑에 빠진 소년! 어릴 적 몸도 마르고 작고 힘이 없고 조용한 아이였던 그 소년이 용감하고 씩씩한 우리의 친구, 태권브이를 만났을 때 어떤 마음이었을지 상상이 되고도 남는다.

장난감은 늘 태권브이 로봇, 그 당시 비쌌던 태권브이 피규어를, 용돈을 모아서 사고, 또 사 달라고 조르고, 기회가 될 때마다 사고 또 사고, 똑같은 것을 반복해서 샀다고 한다. 장난감만이 아니라 심지어 공책도, 크레파스도 모두 태권브이였단다. 태권브이 크레파스는 태권브이만 그리는 데 사용할 정도로 로봇 사랑에 몰두했던 그 소년은 훗날 로봇 피규어 원형을 만드는 크리에이터가 되었다.

튼튼하고 근육 빵빵한 어른은 아니지만 마음과 상상력의 근육이 빵빵한 어른이 되었다. '내 모든 순간은 창조적'이라는 타이틀로 지신의 삶을 누리고 즐기는 어른이 되었다. 왜소하고 약했던 탓도 있을까? 어릴 때 마음에 담은 로봇 태권브이의 강함과 멋스러움은 여린 소년의 마음에 로봇 사랑의 열정을 불태웠고, 취미를 넘어 직업의 자리까지 그를 이끌었다. 지독하게 몰입하고 한 우물을 팠던 그 소년의 열정을 다양성이 부족하다고! 다양한 경험이 부족하다고 탓할 수 있을까?

늘 같은 장난감을 사는 그 소년에게 '다양성 추구'라는 침범이 있었다면! 사내답지 못하다며 튼튼해져야 한다는 자극이 강요되었다면! 수백 장 똑같은 태권브이 그림이 무시당했다면! 어땠을까? 충분히 몰입하고 하나에 몰두하고 사랑에 빠져봐야 하지 않을까? 그 사랑과 열정을 바탕으로 다른 것들을 통합하고 사랑할 수 있는 다양성을 더할 수 있지 않을까?

사람마다 취향이 다르고 개성이 다양하듯이 아이들에게도 자신의 정서와 성격적 특성에 따라 삶을 만들어 가는 방법과 방향이 다르다. 그런 개성을 꽃피우려면 뭔가 하나를 충분히 몰입하고 사랑할 수 있는데 머물러야 하는 대상과 기간이 필요할 것이다.

엄마와 충분하고 안정된, 신뢰하는 사랑의 몰두는 곧 모든 사랑과 열정의 바탕이 되고 개성이 꽃피는 기초가 된다. 엄마와의 충분히 좋은 관계 경험, 그 한 가지에 몰두하고 반복하는 사랑에 빠져 봐야 한다. 그렇게 한 가지 사랑하는 것에 깊이 충분히 머무를 수 있어야 또 다른 무엇인가 누군가를 그렇게 깊이 관심하고 사랑할 수 있을 것이다. 그 한 가지가 양육자의 충분한 사랑이 아니고 무엇이겠는가? 그것을 계속 연습 중이라면 좀 놔두자. 다양성, 효율성, 경제성만으로 개성과 취향의 몰두를 방해하지 말자! 취향 존중! 개성 존중! 만세를 불러야 한다.

"이거 또 살 거야." 하는 아이의 선택과 요구에 "집에 똑같은 거 있잖아.", "산 것을 뭐 하러 또 사 대니? 다른 거면 몰라도!"라고 쉽게 말하지 말자. 원하는 걸 무한대로 허락하자는 것이 아니다. 똑같은 장난감을 또 사든, 무엇이든지 똑같은 것을 무한 반복하는 데에는 겉으로 보이는 것과는 다른 아이 마음속에 뭔가 깊은, 진정한 의미가 있을 것이다. 겉에 드러나지 않은 또 다른 그것의 의미를 탐색해 보면 어떨까!

뚝배기와 양은 냄비

뚝배기에 라면을 끓이는 사람은 많지 않다. 라면에서 은근하게 우려낸 깊은 청국장 맛을 기대하지 않는다. 라면의 생명은 속도와 탱글탱글한 면발이기 때문이다. 그래서 라면은 양은 냄비!

'노랗고, 가볍고, 빨리 끓는 양은 냄비!'

양은 냄비에서 청국장을 끓이는 사람은 많지 않다. 청국장에서 빠르게 끓여낸 탱글탱글한 면발을 기대하지 않는다. 청국장의 생명은 은근하게 데워지고 우러난 깊은 맛이기 때문이다. 그래서 청국장은 뚝배기!

'검고, 투박하게 묵직하고, 은근하게 데워지는 뚝배기!'

뚝배기는 약불로 조절해야 하고 시간을 기다리는 인내를 배워야 한다. 양은 냄비는 강불로 조절해야 하지만 끓어 넘치면 뒷감당이 어렵다. 내성적인 아이와 외향적인 아이가 있다.

어떤 아이가 스트레스가 더 많을까? 내성적, 외향적 성격 특징 기준으로 아이를 다 이해할 수 없다. 그리고 어느 것이 더 좋은지 더 안 좋은지 절대적으로 평가할 수도 없다.

양은 냄비는 심리적 차선을 왕복 8차선쯤 쓴다. 이리 갔다, 저리 갔다, 차선 무시! 신호등 무시! 무시무시하게 날뛴다. 팔팔 끓어서 활발하다. 하지만 괜찮다. 화력을 조절하면 의외로 간단하게 진화된다. 빠르게 적응한다. 할 일, 먹어야할 마음, 갈 길을 알려 주면 이내 잘 끓는다. 그러니 인생의 나침판, 내비게이션을 잘 만나면 된다. 행동이 과잉이라고? 충동성이 높다고? 통제가 안 된다고? 아이를 탓할 일이 아니다. 어른들의 나침반의 추를 정비하고, 내비게이션을 업그레이드하면 된다.

뚝배기가 좀 더 어려울 수 있다. 아무런 문제가 없다는 듯 드러나지 않을 수 있다. 끓지는 않지만 계속 데워지는 중이다. 표가 나지 않지만 뭉근한 긴장 상태를 유지하고 있다. 표현하지 않고, 행동하지 않고, 주장하지는 않지만 참고 누르고 있다. 표현하지 않아도 보아야 한다. 행동하지 않아도 주의를 기울여야 한다. 주장하면 들어줘야 한다. 갑자기 끓어 철철 흘러넘치는 상태를 만들지 않기 위해서다.

성격은 좋고 나쁜 게 아니다. 어떤 성격이든 그 성격 안에서 건강함을 유지하느냐 건강하지 않게 내려가느냐의 문제이다. 내성적인 아이는 그런대로! 외향적인 아이는 또 그런대로! 그런 것이다. 그런데 참 이상하다. 내 아이가 책을 좋아하는 아이면, 운동을 잘하는 애가 그렇게 부럽다. 내 아이가 운동을 잘하면, 책 읽는 아이가 그렇게 부럽다.

　뚝배기의 강점과 건강함을 유지하면, 양은 냄비의 유용성과 효율성을 지켜 내면 그만이다. 아이들은 여럿이다. 성격도 여럿! 잘하고 못하는 것도 여럿이다. 뚝배기가 있으면 라면이 고플 테고, 양은 냄비만 있으면 청국장이 고플 테지!

리얼 생존!
리얼 잠재력!

초등 5학년 소녀를 만난다. 사춘기라서 그런지 반항성이 높고, 해야 할 일을 미루어서 힘들다는 호소를 한다. 상담 온 부모를 향해 "아이의 어떤 어려움으로 오셨나요?" 물으면 대답이 다양하다. 이야기를 듣다 보면 주제와 내용이 다양하고, 어려움의 정도도 여러 수준이다. 그런데 공통되는 특징이 있다. 어려움을 호소하는 관점이다. 보통은 아이가 겪는 어려움을 보고 하기도 하고, 아이와 부모 사이의 상호작용이나 양육 방법의 어려움을 이야기한다. 그런데 종종 부모 자신이 너무 힘들고 괴롭다는 것을 호소하는 경우를 본다. 아이 때문에 부모인 자신이 힘들어 죽겠다는 것이다. 아이가 아니라 엄마가 힘들다고 호소한다. 이렇게도 안 되고 저렇게도 안 되고 도무지 전쟁을 그칠 수가 없고 화를 참을 수가 없다. 아이를 향한 불신과 불안이 높고 불평과 불만이 하늘을 찌른다. 죄책감을 느끼거나 어찌할지 모르겠다는 태도는 그래도 좀 낫다. 연신 아이를 향한 원망과 분노가 감추려 해도 숨겨지지 않는다. 물론, 대놓고 표현하지는 않는 경우가 많다. 그렇다고 느껴지지 않는 것은 아니다. 욕만 안 했을 뿐이지 정서적 크기는 이미 흘러넘치고 남는다. 가만히 듣고 있으면 부모의 아픔과 좌절이, 아이의 아픔과 고통이 고스란히 다가온다.

자녀를 걱정하는 부모는 불안하다. 자녀보다 자신이 더 불안할 수 있다. '저렇게 공부를 안 해서야.', '저렇게 게임만 해서야.', '저렇게 말을 안 들어서야.', '어디 사람 노릇할까? 밥벌이는 할까?', '잘 살 수 있을까?', '생존할 수 있을까?' 자연스럽게 걱정에 걱정이 꼬리를 물고 늘어선다. 이미 망한 인생이 돼 버린다. 아이가 제 할 일을 잘하든 못하든 상관없이 어느 수준에서든 부모의 불안은 욕심으로, 욕심은 불안으로 널을 뛰며 걱정과 혀를 차게 만든다. 그래서 잠재력은 닫히고 느리게 작동하며 쉽게 펼쳐지고 발휘되지 못하게 된다. 부모의 불안과 분노는 침범과 통제의 잔소리로, 때로는 무시와 회피로 지적과 협박과 회유를 오가며 아이를 자극하고 다그친다.

문제다! 문제! 반항하고, 나가지도 않고, 게임만 몰두한다. 해야 할 일은 미루고 속이 터진다고 호소하는 부모에게 제안해 본다. 이제까지 여러 방법을 다 사용해 보았지만, 성과가 없었으면 방법을 바꾸어 보아야 하지 않을까? 별짓을 다해 보아도 성공하지 못했으면 전면적으로 접근과 방법을 바꾸어야 하지 않을까? 계속 허공만 치는 노력은 힘만 빠진다. 그런데도 계속한다면 곧 스스로 지쳐 떨어진다.

잠재력이라는 말을 좋아한다. 리얼 생존 프로그램에서 튀김 과자를 이용해서 야생에서 꺼져 가는 불씨를 살리는 장면을 본다. 기가 막힌 아이디어다. 꺼져 가는 불씨도 다시 살리는 튀김 과자!

아이들의 잠재력을 되살리는 튀김 과자 같은 신박한 방법이 있다면 좋겠다. 막히고 뒤틀리고 꺼져 가는 잠재력을 어떻게 살릴 수 있을까? 역시 답은 부모에게 있다. 아무리 꺼져가는 듯 보이고 막히고 뒤틀린 듯 보여도 그런 상황에서 아이의 생존 잠재력을 다시 확인해야 한다. 성장의 가능성을 살리는 길은 아이의 성장 잠재력을 믿는 부모의 믿음이다. 믿음이 중요하다. 믿음대로 된다. 성경 이야기가 아니다. 심리 이야기다. 같은 수준이다. 믿음대로 된다. 아이는 특히 부모의 믿음대로 되지 않을 수 없다. 어떻게 강조해야 할까? 끝내 끝끝내 부모 믿음대로 되지 않을 도리가 없다.

구체적으로 적용해 보자. 반항하는 아이의 태도가 걸리겠지만 예의가 전혀 없는 편이 아니라면 모른 척 눈감아 보자. 다시 인사시키거나 똑바로 앉히지 말고 모른 척 넘어가 보자. 게임을 자주 하는 아이에게 맛있는 라면을 배달하며 쉬엄쉬엄하라고 어깨를 토닥여 보자. 토끼 눈을 하고 이상하게 보더라도 진심으로 웃어 주며 라면을 배달해 보자. 해야 할 일을 미루는 아이에게 잔소리 대신 엄마, 아빠 일에 집중해 보자. 아이 입에 밥을 떠서 넣는 것은 아이의 팔과 손이 할 일이다. 엄마, 아빠는 자신의 입에 밥 넣는 것만 열심히 해 보자. 방 청소와 책상 정리가 엉망인 아이에게 계속 방을 청소해 주면서 잔소리하기보다 일단 방이 쓰레기장이 되더라도 조용히 문을 닫고 입을 닫고 모른 척해 보자.

아이의 문제에 하다 하다 결국 분노만 하지 말고, 아이의 잠재력을 믿는 일에서부터 시작해서 여유를 가지고 격려를 어떻게 시작할지 방법을 찾고 연습해 보자. 믿음을 갖고 여유를 갖고 격려하기로 방향을 바꾸어 보자. 행동과 태도는 마음에서 시작되어야 한다. 마음으로 안아 주고 믿어 주고 격려하며 마음에서 연결되는 관계의 꽃을 피워 보면 좋겠다고 제안한다. 부모가 자신을 믿어 주고 인정해 주고 기다려주는 마음이 아이 속에서 일어나기 시작하면 새로운 길이 열린다. 너무 뻔한 것 같지만, 느린 것 같지만, 길이 보이지 않지만, 끝이 없는 것 같지만 한번 해 보자. 지름길이 다 좋은 것은 아니다. 급한 마음과 의심과 불안이 늦었다고 지름길 찾다가 미끄러져 더 엉뚱한 길로 갈 수도 있다.

힘쓰지 말고, 용쓰지 말자. 힘 빼고 아이를 믿어 보자. 두고 보지 말고 믿고 보자. 아이들이 모를 것 같지만, 모르는 척하지만 느끼지 않을 수 없다. 지시와 설명과 설득의 훈육보다 작은 배려와 도움과 말 없는 인내가 아이에게 더 많은 느낌과 생각을 일으키기도 한다. 단, 말없이 억지로 참아 주거나, 마음에서 화를 참다가 폭발할 거면 그냥 원래대로 하는 게 낫다. 평소처럼 해야 아이가 추가로 실망할 일이 없다. 잘하는 척, 참아 주는 척, 알아주는 척. '척척 부모'라는 인식을 심어 주면 부모의 어떤 노력도 아이의 마음을 열 수 없게 된다. 행동과 태도, 마음가짐과 느낌이 일치하도록 세심하게 연습하고 점검하지 않으면 '척척 부모'로 떨어져 어떤 지시도, 권유도, 부탁도, 애원도 쓸모없는 지경이 된다. 심지어 부모가 진심으로 노력해도 불신을 감소시키기 어렵다. 부모의 잔소리와 침범은 부모의 불안에서, 부모의 불안은 아이의 잠재력에 대한 확신의 부족에서 온다.

아이들의 잠재력은 평등하게 주어진다. 변화와 성장의 가능성은 누구에게나 열려 있다. 그래서 평등하다. 저마다의 사랑과 행복과 자유를 추구하며 생명을 확장할 권리와 능력을 갖추고 있다. 우리 아이도 마찬가지다. 지금의 모습이 전부가 아니다. 자녀를 향한 부모의 믿음과 확신은 깊고 넓고 높아야 한다. 멀리 보아야 한다.

자녀는 한해살이가 아니다. 자녀 농사는 일 년 농사가 아니다. 자녀를 향한 믿음과 확신을 가지고 가야 할 일이다. 자녀의 씨알의 잠재력을 믿고 북돋아 주어야 한다. 의심과 불안으로 침범하고, 잔소리로 통제하면 할수록 개화 시기는 늦어지고 열매를 맺고 영글어 가는 시기도 늦어지고 시들시들해진다. 아이의 잠재력에 대한 신뢰가 좀 더 높아져야 생존에 성공하는 자녀를 볼 수 있다. 먹고사는 문제만이 아니다. 자존감이 높은, 행복하고 즐거운 삶을 사는 것과 연결된다. 그게 바로 리얼 생존! 참살이다. 잠재력을 끌어내는 믿음! 리얼 생존은 자신의 잠재력을 신뢰하는 자기 믿음에 있다. 자기 믿음은 자녀를 믿어 주는 부모의 믿음에서 전수된다.

말을
잘 듣는 아이들!

"너! 도대체 왜 이래?"
"너! 꼭 혼나야 말을 듣지!"
"너! 꼭 한 대 맞아야 말을 듣지!"

부모 말을 잘 안 듣는 아이들이 혼날 때 듣는 말이다. 그런데 이런 말을 듣는 아이들은 모순되게도 부모 말을 아주 잘 듣는 아이들이다. 신기하게도 그렇다. 꼭 그러면 한다. 혼나고, 한 대 맞으면 말을 듣게 된다. 꼭 혼나야만, 꼭 한 대 맞아야만 부모가 지시하는 그 일을 하고 싶어진다. 그러니 혼나고 맞아야 듣는다는 말을 기가 막히게 '잘 듣는' 아이들이다.

부모들을 만날 때 아이들이 잘했을 때 주로 반응하거나 칭찬하라는 주문을 한다. 여기서 '반응'은 부모의 '관심과 에너지를 집중하는 것'을 중요하게 표현하는 것이다. '칭찬'은 '좋은 느낌과 사랑받는 느낌을 전해 주는 것'을 강조해서 표현해 주는 것이다.

아이들 뇌의 해마는 부정적 기억보다 긍정적 기억에 대한 저장이 더 많다. 그래서 아이들이 부모 말을 잘 듣기를 원하면 해마의 저장고에 좋은 기억이 더 많아야 한다. 부모의 지시를 잘 따르고, 긍정적인 행동과 바른 행동을 했을 때 칭찬을 통해 긍정적 정서와 기억을 심어 준다. 해마를 활성화하는 것이다. 긍정의 피드백을 들은 아이들은 좋은 느낌과 긍정의 주인공이 되기 위해 해마의 좋은 기억을 소환하고, 손발의 격려를 통해 긍정적 행동을 반복하며 자존감을 높이고 관리한다.

잘못하거나, 실수하거나, 부정적 행동을 할 때에는 크게 반응하지 않고 정확한 지침과 주의를 주고 가볍게 넘어가야 한다. 최대한 부정적 자극과 에너지를 집중하지 않도록 관리하라는 것이다. 부드럽고 단호하게, 정확하고 가볍게. 그렇게 못하면 차라리 반응하지 않는 게 더 좋을 수도 있다. 그러나 부모들은 인내심이 낮다. 기다릴 수가 없다. 실수나, 잘못을 했을 때 '바로' 지적하지 않으면 부모의 마음이 심란하다. 할 일을 다 하지 않은 것 같은 느낌에 사로잡혀 긍정적 모습이 보일 때까지 기다리는 일을 포기한다. 심지어 확실하고 엄하게 다스리고 바로잡지 않으면 나쁜 버릇이 될까 싶어서 무섭게 응징한다. 부모가 포기하는 속도만큼 아이들도 해마의 긍정적 기억을 활성화하고 실행시키는 일을 포기한다. 긍정적 기억을 활성화하는 해마는 점점 그 역할을 잃어 간다.

우리의 뇌는 긍정적인 것보다 부정적이거나 불안한 말과 상황에 더 민감하다. 편안하고 안전한 것은 일상에서 사용되지만 불안하고 위험하고 부정적인 것은 뇌에서 대비하고 방어하려 주의한다. 부정적 주의를 자극하고 강화하는 부모의 부정적 피드백이 곧 자녀의 자기감을 형성하는 핵심적인 느낌의 자리를 차지한다. 부정의 피드백을 자주 듣는 아이들은 그런 부정의 피드백이 부모가 원하는 것으로 알고 그 말을 잘 듣는 아이가 된다. 자주 듣는 아이가 된다. 자주 듣고 확인하며 부모가 말하고 원하는 대로 그런 자신이 되어 간다. 부모의 말을 잘 듣는 아이가 되어 간다.

부정적 말을 잘 들으면서 부정적인 자기 정체성을 형성한다. '꼭 혼나야 말을 듣는' 내가 되고, '꼭 한 대 맞아야 말을 듣는' 내가 되는 것이다. 그렇게 저장된 자기의 정체성은 쉽게 바뀌지 않는다. 아니 쉽게 바꾸지 않는다. 그러면 말을 잘 듣지 않는 아이가 되기 때문이다. 부모의 관심을 받지 못하는 아이가 된다. 부모가 없으면 아이는 살 수가 없다. 그래서 어떤 것이든 부모의 피드백이 필요하다. 그것이 긍정적인지 부정적인지는 다음 문제다. 중요한 것은 부모의 관심을 가져오는 것이다. 그래야 살아 있는 내가 느껴진다.

기다림은 부모에게 필요한 덕목이다. 혼내고, 때리고, 소리 지르면 금세 말을 듣는 아이처럼 보이지만, 상황을 모면하기 위한, 두려운 상황을 회피하기 위한 아이들의 방어이다. 아이들의 방어가 높아질수록 부모의 목소리가 들리지 않는다. 들리지 않으니 실천, 실행은 더 어려운 일이다. 그러면 부모는 더 큰 목소리, 더 센 채찍, 더

강한 부정을 투사한다. 아이들은 부모의 투사를 거부할 힘이 없다. 받아낸 투사물은 인생 전체 과정에서 순간순간 하나씩 차분하게도 꺼내진다.

아이들이 말을 잘 듣는 아이가 되기를 원한다면 기다림의 미학을 실천하자! 기다리면서 부모가 할 수 있는 일은 뇌의 저장고 해마에 좋은 기억 가득 채워 주는 것이다. 마음의 저장고에 좋은 추억의 자원 채워 주기! 부모가 해야 할 일이 너무 많다고 생각되는가? 힘들게 느껴지는가? 그래도 해야 한다. 긍정의 반응과 칭찬을, 그리고 그런 반응을 할 때를 기다리고 찾아야 한다. 자녀의 부정적인 행동이 먼저인지, 부모의 부정적 염려 반응이 먼저인지 알아야 한다. 부모의 부정적 염려 반응이 자녀의 부정적 행동을 강화하고 부정적 습관과 성격을 만들어 가는 것을 알아야 한다.

부모가 먼저다. 언제부터인지 기억하지 못할 뿐. 지금의 원인과 결과가 전부가 아니다. 원인과 결과가 전혀 다른 데에서 기원했을 수도 있고, 이전에는 원인과 결과가 바뀌어서 작동했을 수도 있다. 자녀의 부정적 행동이 원인이고 부모의 부정적 피드백이 결과라고 생각하는 것은 착각이다. 진짜는 느낌에서, 마음에서 작동하고 움직이고 있다. 앞뒤는 이미 오래전 바뀌었다. 진실은 가려져 있다. 긍정적 말을 잘 듣는 아이를 소망하고 있다면, 기다려야 한다. 부정적 행동으로 부정적 피드백을 달라는 소리에 반응하지 않고 가볍게 넘어가야 한다. 긍정적 행동에서 반응(관심과 에너지를 집중)하고 칭찬(좋은 느낌과 사랑받는 느낌 전달하는 것)을 해 보자. 더 기다리고 반복하면 어느 순간 앞뒤가 제대로 서고, 원인과 결과가 제대로 작동한다. 진실이 드러나고, 좋은 느낌과 행동이 일치해서 정말 말을 잘 듣는 아이가 출현하게 될 것이다. 이렇게 편할 수가! 이렇게 예쁠 수가! 이렇게 행복할 수가 또 있을까!

메뉴판 주세요

자연을 만끽하고 싶은 마음에, 눈 가득 새로운 것을 담고 싶은 마음에 해외여행을 간다. 해외여행을 가면 매번 끼니를 해결해야 하는 어려움을 접한다. 낯선 언어와 낯선 음식 앞에 의지할 수 있는 건 사진이 담겨 있는 메뉴판! 아주 반가운 일이다!

메뉴판은 해외에서만 반가운 것이 아닌가 보다! 부모 교육이나 상담을 통해 만나는 부모들도 한 번에 고민을 해결할 메뉴판을 원한다. 이럴 땐 이렇게! 저럴 땐 저렇게! "지침을 주시면 안 돼요? 매뉴얼을 주세요!" 하는 엄마들이 생각난다.

어디까지가 수용이고 거절인지!

어디까지가 관심이고 잔소리인지!

어디까지가 자율성이고 과잉인지!

어디까지가 부드러움이고 단호함인지!

어디까지가 민감함이고 둔감함인지!

구분하기 힘들어한다.

해외여행에서 만나는 사진 있는 메뉴판처럼 부모들에게 속 시원하게 제공되는 양육 매뉴얼은 단언컨대 없다! 아이들은 저마다의 느낌과 저마다의 속도와 저마다의 정서를 느끼고 세상과 교감하며 성장할지 퇴보할지 더 머무를지를 선택한다. 부모를 바꿀 수 없듯이 자녀도 바꿀 수 없다. 둘 사이의 관계에서 발생하는 갈등과 문제와 어려움을 단번에 해결할 수 있는 처방은 없다. 사람의 마음이 연결되고 상호작용을 하며 함께했던 수많은 반복된 세월의 무게를 던져버리고 단번에 처리해 버릴 그런 해답과 매뉴얼은 없다. 좋은 부모가 되는 방법, 성장하는 아이가 되도록 하는 구체적인 어떤 매뉴얼을 찾고 노력하는 만큼 불안과 실망과 실패가 계속 엄습해 올 것이다. 매뉴얼을 찾는 그 마음을 들여다보아야 한다. 농구에서 슛을 잘하는 매뉴얼을 찾을 게 아니라 자꾸 던져 봐야 한다. 감으로, 몸으로 익히고 찾고 성공하는 숫자를 늘려야 한다. 물론 이전 방법을 사용하지 않고 의식적으로 다른 방식을 적용하기 위한 구체적인 나만의 방법을 찾는 것은 당연하다. 없는 것도 아니고 찾지 못할 것도 아니다.

그러면 어쩔 것인가? 방법은 의외로 간단하고 쉽게 출발하는 것이 좋다. 일단 매뉴얼을 버리는 것이다. 아이를 향한 어떤 처방을 하려는 마음의 방향을 내려놓는 것이다. 밖에서 외부에서 찾을 것이 아니라 부모인 나에게서, 밖이 아닌 내면, 마음에서부터 시작해야 한다. 다른 길은 없다. 좋은 매뉴얼 대신 좋은 느낌을 전달하려는 마음이면 충분하다. 좋은 느낌, 완전한 처방이나 매뉴얼이 아니라, 방법이 아니라 방법을 사용할 사람, 그 사람의 마음, 바로 부모의 마음 그 자체에서 좋은 느낌을 일으키고, 좋은 느낌을 전달하고 나누려는 마음을 먹는 것이 중요하다. 구체적이고 세밀한 방법과 기술을 무시하는 것이 아니다. 그런 과정과 기술과 처방이 필요 없다는 것이 아니다.

엄마들은 자신과 자신의 마음과 자신의 마음에 있는 느낌을 점검하지 않고, 그 중요성을 모르고, 그저 표면적인 어떤 간단한 방법, 효과적인 기술, 쉬운 매뉴얼에만 꽂힌다는 것이다. 눈이 좋아지려고 하지 않고, 안경만 찾는다. 다리가 나아서 절뚝거리지 않고 뛰어다닐 수 있도록 해야지 좋은 부목이나 깁스를 찾는다. 또 한 가지는 내 숙제를 팽개치고 아이 숙제만 들여다보려고 한다는 것이다. 부모가 자기 숙제를 풀지 못하면서 아이에게 네 숙제를 잘 풀라고 하는 것은 순서가 맞지 않는다.

아이 숙제는 부모 숙제를 카피하는 경우가 많다. 아이 숙제는 부모가 넘겨 준 숙제가 많다. 결국 부모 자신의 숙제를 아이에게 던져 주고는 나는 모르는 것이고 이제 네 인생이고 네 숙제이니 네가 풀어야 한다고 숙제를 들고 오며 어려워하는 아이를 탓할 일이 아니다. 문제 출제자가 출제의 의도와 내용을 이해하고 풀이 과정을 도와야 한다. 해답을 밖에서 찾을 일이 아니다. 아이들에게는 문제를 해결할 매뉴얼이 필요한 것이 아니라 문제를 풀 매뉴얼을 만들 수 있는 참자기가 필요한 것이다. 아이들이 진정한 자기감을 형성해서 어떤 문제라도 자기 방식으로 도전할 수 있는 자신만의 매뉴얼을 창조할 수 있어야 한다.

엄마의 좋은 느낌은 아이에게 어떤 감을 전달한다. 좋은 감들은 아이에게 자신만의 자기감을 형성하도록 한다. 자신만의 감이 있어야 그 감으로 매뉴얼을 만든다. 그렇게 세워진 자기감이 있는 사람은 굳이 계량하지 않아도 기가 막힌 빵을 굽는다. 깊은 맛을 내는 김치를 담근다. 아이들을 위한 매뉴얼은 엄마! 엄마의 마음이면 충분하다. '마더' 즉, '마음 더하기' 그거면 충분하다! 매뉴얼 없다고 양육에 대해 불안해하지 말자.

아이가 성장하려면 엄마의 좋은 느낌이 많아야 한다. 엄마의 좋은 느낌을 많이 받고 엄마와 같은 좋은 느낌을 나의 것으로 경험하고, 나아가 그 좋은 느낌으로 나만의 좋은 느낌을 더 경험해서 자기만의 자기감을 만들어 갈 때 계속 성장해 가는 것이다.

양육의 자신감은 엄마의 마음, 엄마의 자기감에서 나온다. 엄마의 좋은 느낌을 불러일으키고 엄마의 좋은 느낌을 전달하려는 마음을 먹는 것에서부터 나만의 매뉴얼을 시작해 보자!

무정한 초코파이!

초코파이가 있다. 초코파이는 정이라는데 갑자기 무정한 상황이 펼쳐진다. 아이 A가 자신의 초코파이를 의자에 놓고 화장실에 들어간다. 그것을 지켜보던 다른 집의 아이 B가 가까이 다가온다.

아이 B : "이거 먹는 건가?"

아이 A 엄마 : "어? 이거? 음~ 그럼~. 먹어도 돼. 먹어! 먹어!"

아이 A : "어? 그거 내꺼야, 하나밖에 안 남았는데!"
        (곧 울 것 같음)

아이 A 엄마 : "형이 돼 가지고 양보해야지. 엄마가 또 사 줄게."

아이 A : "싫어, 나 양보 안 할 거야."
        "내가 나중에 먹으려고 아껴 둔 거라고!"

아이 A는 끝까지 용기를 내서 울먹이며 말한다.

아이 A 엄마 : "아이고! 엄마가 사 준다고 했잖아. 착하지!
엄마가 또 사 줄게. 아이고, 형아 착하네!"(초
코파이를 뺏어 B에게 건넨다) "'형! 고마워.'
해야지?"

아이 A의 자기주장은 이미 지나간 메아리다. 아이 A의 초코파이
는 이미 떠나 버린 버스다. 엄마는 울먹이는 아이의 머리를 연신 쓰
다듬는다. 무정하게도 아껴서 남겨 둔 초코파이의 정은 이미 초토
화되어 버렸다. "이거 먹는 건가?" 거기부터 시작되었다. 누가 봐도
먹는 거다. "이거, 먹어도 돼요? 먹고 싶어요!" 말해도 되는 것을 꼭
그렇게 말하는 아이들이 있다. 양심상? 작전상? 알아서 주라는 것
일까? 계속 눈독을 들이고 지켜봤으면서 마치 하늘에서 떨어진 신
기한 물건을 발견한 듯 묻는 거다. 몸을 비틀며 큰 눈을 말똥말똥
뜨고 0.5배속으로 묻는다. "이거~ 먹는 건가~?"

화장실에서 나오며 심각한 상황을 바라보는 아이를 뒤로하고 순
간적으로 엄마는 자신도 모르게 초코파이를 양도해 버린다. 달라는
아이가 너무 귀여워서? 너무 처량해서? 양보와 선행이라는 배움을
위해? 형이라는 멋진 자부심을 주기 위해? 엄마의 이미지를 위해?
엄마 성격 특징일 수도 있다.

엄마는 착한 형의 선행을 택했다. 그러나 양보와 선행은 무조건 하는 게 아니다. 적어도 아이들은 그렇다. 아이가 준비 되고, 기꺼이 나눌 만큼 풍성할 때 가능하다. 현실적 조건과 마음이 준비되지 않으면 아무리 좋은 것도 독이 된다. 개미 목소리든, 울먹이며 토로하는 자기주장이든, 아이의 말에 귀를 기울여야 한다. 그렇지 않으면 아이는 좌절을 경험하게 되고 그 경험은 분노를 유발하는 자양분이 된다. 양보와 선행으로 착한 아이가 되어야 한다는 가르침은 좌절감으로 돌아와 분노를 강화한다.

어떻게 하면 좋을까? 작은 것 하나를 양보하지 못하는 아이가 좀스러워 보일 수 있다. 하지만 아이의 마음과 의견을 먼저 존중할 필요가 있다. "저런, 먹고 싶었구나! 그런데 지금은 형이 양보할 준비가 안 됐대. 형이 소중하게 아껴 둔 거라서." 정이나 아쉽고 불편하고 안쓰럽다면 엄마가 시간과 다리품을 내줄 것을 권한다. "대신 아줌마랑 옆에, 편의점에 가서 먹고 싶은 거 하나 살까?" 그 반대도 가능하다. "아껴 둔 거라서 주고 싶지 않구나. 하나밖에 없는데 동생에게 주면 네가 먹을 게 없잖아. 근데 다른 방법도 있어. 초코파이를 동생에게 주고 엄마랑 지금 바로 옆에 있는 편의점에 가서 초코파이하고 또 다른 먹고 싶은 거 몇 개 더 살 수 있어. 그렇지만 선택은 네가 하는 거니까 네가 결정하는 대로 할 수 있어."

이렇게 저렇게 생각을 해 보면 어떤 결정을 하든 손해 볼 일은 없다. 그렇다면 더 이득이 많은 것을 선택하면 최고다. 굳이 양보하라는 말을 하지 않아도 양보하는 경우 더 많은 이득을 얻을 기회가 주어지는 경험을 하면 그 아이는 앞으로 양보하지 말라고 해도 편의점의 또 다른 보상이 주어질 것을 기대하는 전두엽의 기능이 활성화될 것이다.

사소한 거부, 거절, 좌절은 만족과 애정, 존재의 좌절감을 키운다. 좌절감을 많이 경험하면 공격성이 높아진다. 아이들은 알게 모르게 많은 경우에 사소한 좌절감을 쉽게 경험할 수 있다. 엄마에게 다가갈 때 밀어내는 거부! 엉덩이를 흔들어도, 아무리 엄마를 기쁘게 하려고 해도 웃지 않는 엄마 얼굴에서의 좌절! 요구와 요청마다 "나중에.", "이따가.", 혹은 "아빠 오면."으로 유보하는 거절! 양보와 배려로 아이의 주장이 무시되는 좌절! 가랑비에 옷 젖듯이 사소하게 무시되는 작은 좌절들은 마음속 깊은 곳에서 분노의 용광로를 끓게 하는 재료들이 된다.

나이를 먹을 만큼 먹은 어른들도 좌절은 힘들다. 다만 세월이 흐른 만큼 연습된 내공으로 적당한 가면을 쓰는 것이다. 거절이나 거부는 절대 하지 말고 모든 것을 수용하라는 말이 아니다.

오해 없길 바란다. 거부하고 거절하는 좌절의 양보다 환영하고 수용되는 양이 많다면 아이들은 좌절을 점점 더 잘 견뎌 낼 힘을 갖는다.

이유가 뒤에 따라오지만 덮어 놓고 자동 발사되는 "안 돼." 힘들고 피곤하고 바쁘고 이유를 대지만 일단 뱉고 보는 "저리 가." 거절이 얼마나 쉬운 일인지, 우리 안에 거절하기 위한 준비가 얼마나 잘 되어 있는지 들여다볼 일이다. 아이가 화를 많이 낸다면, 짜증이 심하다면, 공격성이 높다면 거절과 수용의 횟수를 비교해서 가늠해 보자!

"그래! 좋아!"

"그럼! 그럼~!"

"엄마 여기 있지!"

그런 말들은 별빛처럼 아이들의 가슴에 내린다. 이런 말들이 자동으로 쏟아져 내리는 은하수 같은 엄마를 기대해 본다.

부러우면 지는 거다

동영상의 영향이 크다. 보고 배운다고! 동영상 노출이 너무 이른 나이에 많아지다 보니 새로운 자극의 흥분이 습관처럼 반복되어 이른바 '도파민 중독'이 걱정이다. 아이의 공격성, 거친 행동, 주의력 문제들도 동영상의 영향을 주목한다. 특히나 아이가 공격적이고 폭력적인 영상, 만화를 많이 보니 공격성이 높아졌다고 한다. '매스컴 영향설'이다. 폭력적이거나 공격적인 장면과 영상을 많이 보면 따라 하고 싶은 마음이 들고 흉내 내고 반복하다 보면 그런 특징과 성향이 증가하게 된다는 것이다. 일리가 있고, 그럴듯하게 설득력 있다. 그런데 모든 문제 행동과 공격성을 동영상 탓으로 돌리면서 그것만 거리를 두고 통제하면 잘 예방하고 있는 것일까? 일단은 거리를 두는 게 최선일까? 엉뚱한 질문을 해 보자. 공격성을 표현하고 싶은 마음과 환경이 계속되고 있었는데 폭력적인 동영상이 그런 마음을 대변하고 해소해 주듯이 더 눈에 들어오고 더 흥미로운 자극으로 선택되는 것은 아닐까?

일곱 살 남자아이가 있다. 아침에 일어나면 위인전 다섯 권을 읽어야 일과를 시작할 수 있다. 물론 텔레비전이나 스마트폰의 동영상은 별도로 주어지지 않는다.

3학년 여자아이가 있다. 텔레비전은 오래 전부터 집에 없었고, 거실은 책을 가득 꽂은 책꽂이가 병풍처럼 둘려 있다. 6시에 일어나서 화상영어로 원어민과 대화하고, 토요일은 주중에 하지 못하는 예체능 수업과 과학 실험으로 바쁘다.

앞의 두 아이는 텔레비전이 있는 곳에 가면 초집중 능력을 발휘한다. 눈이 뚫어져라. 단시간에 모든 것을 흡수할 듯이 전투적으로 집중한다. 얼마나 신기한지, 얼마나 궁금한지, 얼마나 바라고 또 바라 왔는지! 우리 집에 없는 무엇! 내가 할 수 없는 무엇! 나는 없고, 다른 아이는 있는 무엇! 나는 안 되고, 다른 친구는 허락되는 무엇! 너무너무 부럽다.

부러우면 지는 거다. 그러면 다 보여 주고 노출해야 한다는 것인가? 어디까지 얼마나 해야 할지, 한 번 노출되면 되돌릴 길이 없어서 걱정이다. 안 된다고 한다. 그럴 수 있다. 일리가 있다. 그런데 더 깊이 염두에 둬야 할 일이 있다. 부러우면 부러운 양만큼 화가 되고 강력한 공격성이 된다.

여섯 살 남자아이는 아토피가 있다. 여느 때처럼 10분 일찍 와서 상담을 기다리고 있다. 상담 대기실 한쪽에는 엄마들이 모여 있다.

부모 교육 소모임을 하는 엄마들이다. 그날은 마침 교육 소모임의 마지막 날이어서 서로를 격려하며 작은 다과와 함께 모임을 마무리하고 있었다. 상담 시간이 되어 아이는 엄마들의 소모임 탁자를 지나 상담실을 향한다. 옆을 지나는 동안 고개와 눈은 과자 접시에 고정되었고 발걸음은 자꾸 느려진다. 놀이실에 들어갈 때면 늘 뛰어 들어가던 아이다. 일주일 내내 보고 싶어 기다렸다며 선생님을 부르고 달려가던 아이다. 그런데도 아이는 과자 더미에서 눈을 떼지 못한다. 아토피가 있는데 밀가루나 해로운 화학물질을 그냥 먹이라는 말인가? 공격성을 완화하기 위해서는 해로운 아무거나 먹이라는 말인가? 그럴 리가 있겠는가? 아니다. 다만 생각해 보고 놓치지 않아야 할 것이 있다는 것이다. 아이를 위한 최선이 간혹 최악이 될 수 있는 상황을 점검하면 좋겠다는 이야기다.

나는 안 되고 누구는 되는 불평등한 느낌! 불만족스러운 느낌! 불공정한 느낌! 그런 느낌들이 마음 저 밑바닥에 아무도 모르게 깊게 자리하면 그 마음에서 발을 떼기가 어렵다. 부러운 건 뭐든 좋을 것 같은 환상이 작동하고 그 환상이 작동하면 거기에서 마음을 현실로 가져오기 어렵다. 그렇게 부러워 발목 잡힌 느낌에서 아이를 해방하자는 이야기다.

부러움을 안고, 언젠가는 반드시, 꼭~ 다짐하며 힘을 주며 꿈을 꾸게 하지 말자는 것이다. 부러움은 마음을 질투와 시기심으로 응어리지게 한다. 질투와 시기심의 눈은 항상 밖으로 시선을 향하게 만든다. 자신의 안쪽은 텅 비어 있고, 밖은 항상 꽉 차 있다. 자기 내면에는 텅 비어 있거나 나쁜 것만 있는데 밖은 항상 좋은 것으로 가득하다. 그래서 부러움은 커진다. 마음의 블랙홀이 자라기 시작한다. 모든 것을 다 빨아들여도 채워지지 않는 그런 느낌이 자라기 시작한다. 그것이 힘을 발휘하기 시작하면 현실적으로 정말 만족도, 감사도, 절제도 하기 어렵다. 그리고 불만족과 불평이 많아지면서 그것을 누르고 참을수록 분노와 공격성은 더 압축된다. 정말 안타까운 것은 부러움은 세상의 그 어떤 것보다도 내가 얼마나 소중하고 가치 있는지를 보지 못하게 한다. 내 안에 얼마나 멋지고 소중한 능력의 씨앗을 품고 있는지를 알지 못하게 한다는 것이다.

부모는 항상 자녀를 특별하게 여기고 최상의 것을 주고 싶어 한다. 그런 부모의 마음과 노력을 아이가 다 알아주고 받아주고 함께하면 너무 좋다. 그러나 그걸 받아 처리하는 아이의 마음 안에 조금이라도 잠시라도 숨겨진 느낌이 지나가면 어찌할 것인가?

"왜 나는?", "왜 나만?", "왜 내 맘은?"

의문이 들기 시작한다면 아이에게는 이미 최상이 아니다. 최상의 노력이 자칫 최악의 수가 되는 경우가 간혹 발생한다. '금쪽같은' 내 새끼! 내 새끼! 하다가 어느 날 갑자기 '끔찍한' 내 새끼가 지나갈 수 있다. 그러니 너무 '금쪽같이' 여기지 말아야 할 일이다. '금쪽'도, '끔찍'도 현실적이지 않다. 그저 아이는 '깜찍'하면 될 일이다.

질투와 시기의 부러움이 커지면 아이는 자신이 이미 누리고 있는 것들을 볼 수도, 누릴 수도 없다. 현실적으로 정말 참 좋은 것이라서? 대단한 것이라서? 부러워하는 것이 아니다. 그냥 그런 마음과 느낌이 더 큰 것이다. 그 마음이 그렇게 보이고 느끼게 한다. 부러워하고, 갖고 싶고, 누리고 싶다는 그 마음! '나는 없고, 적다! 부족하다!'는 느낌! '난 지금 내가 원하는 나에게 없는 그 어떤 것을 못 가지고, 못 누리고, 못 먹고, 못 느끼고 있다.'는 마음이 그 반대의 더 가지고, 더 누리고, 더 먹고, 더 느끼고 싶다는 것을 강하게 만드는 것이다. 마음속 환상의 작동이다. 그 환상에 에너지를 집중하고 쓰게 되면 현실적으로 자신을 발달시키고 성장시키고 능력을 발휘하는 데 집중해야 할 에너지가 모자라게 된다.

다른 집 아이들을 부러워하면서 내 아이를 사랑하려는 부모들이 있다. 내 아이가 저렇게 되었으면 하는 마음이다. 잘되기를 바라는 마음이다. '최소한'을 꼭 붙인다. 마지노선이다. 부모의 부러움을 줄이고 죽여서 말한다. "다른 애들도 하루에 영어 단어 50개씩 외우는 정도는 다해.", "다른 애들도 하루에 3~4시간씩 공부는 해." 라고 말한다. 오죽하면 그렇게 안타까운 마음으로 최소한의 기본의 바람과 부모의 의무를 말할까! 그런 잔소리와 바람이 없으면 부모로서 방치가 아닌가? 맞는 말이다. 그런데 이미 아이는 공부로 부모와 대결하고 먹거리로 대결하고 힘을 들이고 있는지도 모른다. 부모 마음이 이미 다른 아이가 부러운 거라면 내 아이는 부족한 거다. 부족하다고 느끼면 부럽고 부러우면 지는 거다. 부러움에 공격성이 자라면 계속 대결하고 부딪히는 갈등이 점점 커진다. 지금은 아이가 참고 있겠지만, 언제까지 참을 수 있을까?

부러우면 진다. 공격성에!

사랑의 매
vs
분노의 매

    아이를 양육하면서 때릴 것이냐, 말 것이냐? 두말할 필요도 없는 고민과 질문을 받는 경우가 종종 있다. 아이를 양육하다 보면 어쩔 수 없이 매를 들어야 할 때도 있을까? 아니면 어떤 경우든 매는 안 되는 것인가? 아이를 정말 바르게 키우려면, 잘못을 바로잡으려면 혼내야 하고, 때론 매를 들을 수도 있지 않을까? 마음은 아프지만 그래도 진정 사랑한다면 하는 수 없이 매를 들어야 하지 않나? 사랑의 매도 필요하다? 결론적으로 말하면, 앞에 무슨 조건과 이유를 붙이든지 매는 무조건 반대다.

    때려서 말 들을 것 같으면 아침, 저녁으로 성실하게 때리면 말 잘 듣는 착한 아이가 되어야 하는데 그렇지 않은 경우가 더 많다. 또한 지금까지 해 봤는데 별로 효과가 없었다면 다른 방법을 써 보는 접근이 필요하다. 집에 매가 없다고 장담할 수 없는 경우도 있다. 손과 발이, 눈과 입이 모두 매로 활용될 수 있기 때문이다. 학대와 폭력은 직접적인 매로만 전달되지 않는다.

아이를 제대로 훈육하고 버릇을 바로잡으려면 따끔하게 충격요법으로 매가 필요할까? 당연히 아니다. 제발 때리지 말라. 절대 손대지 말라. 따끔하게 혼나는 것과 따끔하게 맞는 것과는 다르다. 따끔의 내용에는 매가 없다. 손이나 발이나, 회초리나, 효자손이나 매의 존재와 분위기 자체를 주지 말아야 한다. 공포를 조장하고 수치심을 일으켜서 또는 죄책감을 유도해서 행동이 수정되고 인격이 완성되는 경유는 없다. 단기간, 눈앞에서는 당장 효과가 나타날 수 있겠지만 눈 가리고 아웅이다. 학대는 그저 학대일 뿐이다. 폭력은 그냥 폭력이다. 매는 그냥 학대이고 폭력이다. 사랑의 매는 없다. 없애야 한다.

매를 드는 많은 이유와 정당성을 제시하지만 그저 감정 조절의 실패인 경우가 대부분이다. 부모가 화나는 감정을 조절하거나 처리하는 방식과 기술이 미숙하기 때문이다. 부모가 자녀 앞에서 감정을 조절하는 모델링은 중요하지만 쉽지 않다. 감정을 인식하거나 대처하는 일은 연습을 거쳐도 쉽지가 않기 때문이다. 감정은 즉각적이고 무의식적으로 일어난다. 빠르고 자동적이다. 감정에 대한 반응과 행동도 자동적이고 기계적인 경우가 많다. 특히나 화가 나는 경우 즉 분노에 사로잡히면 강렬한 만큼 처리가 쉽지 않다. 그것이 자녀를 향한 경우에는 더욱 힘든 경험을 하게 된다. 사랑과 분노가 같이 일어나고, 욕망과 두려움이 강력하게 소용돌이친다. 자녀가 말을 안 듣거나, 실수하거나, 잘못을 하는 경우 부모에게 저항하고, 반항하고 심지어 일부러 하거나 대결하는 느낌을 받으면 아무리 부모지만 자존심이 상하고 거친 맘이 들고 부화가 일어난다. 자녀에 대한 부모의 책임적 자리가 갑자기 처벌적 자리로 바뀐다. 화나는 감정을 어떻게든 추슬러 보려고 하지만 당장에 조절하기가 쉽지 않다. 한참 일을 치르고 시간이 지나 가서야 돌아보며 반성하고 후회하지만 여전히 반복된다.

화를 내지 말아야 하는가? 사실은 감정이 문제가 아니라 감정에 반응하고 대처하는 방식을 점검할 필요가 있다. 잘못에 대해 처벌을 하고 죄책감을 주고 심판하는 방식보다는 반대로 잘못을 용서하고 잘할 수 있는 구체적인 방법을 안내해서 도움을 주는 방식으로 접근해야 하고 그것을 안내하는 부모의 마음의 느낌도 일치시켜야 효과가 있다. 그렇게 다른 방식의 선택을 위해서는 자신의 감정을 만나고 붙들고 머무는 연습이 한 동안 필수이다. 어떤 상황이나 사건을 경험하는 자신을 관찰하고 점검하는 것이 우선이다.

상황과 사건 속에서 지금 경험하는 자신이 있는가 하면, 그렇게 느끼고 생각하고 행동하고 있는 자신을 관찰하는 자신도 있다. 감정과 느낌이 그대로 '나'라고 여기는 '경험자아'와 그런 감정과 느낌을 경험하고 있는 자신을 살피고 돌아보는 '관찰자아'를 구분해 보아야 한다. 관찰하는 자기가 경험하는 자기를 수시로 점검할 수 있고 그런 연습과 경험이 쌓여야 감정을 인식하고 거기에 반응하며 그 반응의 다른 방식들을 선택하고 조절할 수 있는 능력이 증가된다. 어떤 사건에 대한 생각과 판단들, 함께 오는 다양한 감정들, 그런 생각과 감정들이 어우러져 나오는 나의 반응과 행동, 태도들을 구분해서 보는 여유와 연습의 시간을 충분히 가져야 한다. 관찰하는 자아가 충분히 기능하고 역할을 할 수 있어야 다른 선택, 다른 경험이 가능해진다.

매를 상습적으로 맞으면 맷집이 세진다. 상황을 돌이켜 생각하며 반성하기보다 이 순간이 빠르게 지나가길 바라는 엉뚱한 소망만 높아진다. 마음 밑바닥, 생각 깊은 곳에서부터 반항의 싹이 자란다. 의심과 불안, 슬픔과 분노가 차곡차곡 쌓인다. 매 맞는 아픔보다 부모가 나를 사랑하지 않는다는 슬픔과 분노가 더 아프다. 아이 마음에 자신은 사랑스럽지 않고 어떻게 해도 사랑받지 못할 것이라는 의심과 불안이 점점 크게 자리한다. 불안은 이내 공포 수준으로 확대되고 공포는 슬픔, 분노로 대체된다. 사랑받기 위한 긍정적 변화의 노력보다 더 많이 사랑받지 못한다는 분노로 마음이 더 굳어진다. 화나서 때리고 맞아서 화가 난다. 맞은 자리와 상처는 아물겠지만, 마음의 상처는 계속 커진다. 마음의 아픔이 몸의 아픔보다 커지기 시작하고 불안과 슬픔이 분노로 굳어지기 시작할수록 맷집이 세진다. 맞으며 견디는 힘이 강해진다. 분노가 분노로 이어지며 분노의 굳은살이 맷집을 높인다. 맞아도 효과가 없다.

잘못하는 자녀, 말 듣지 않는 자녀에게 화나는 부모의 마음은 어디서 오는 것일까? 그것은 가장 좋은 것을 주고 싶은 부모 마음이 굴절되어 일어나는 분노의 파동이다. "참 내 맘 같지 않은.", "참 내 맘처럼 안 되는.", "참 나 같지 않은." 일어나지 않을 두려움과 이뤄지지 않을 욕망의 불협화음에서 느껴지는 안타까움이, 불안함이, 욕심이 마음의 불을 붙여서 분노의 파장을 일으킨다. 부모가 가지고 있는 내면의 욕망과 두려움이 극단적으로 펄럭일 때 감정을 조절하지 못하게 된다. 아이는 부모의 욕망 앞에서 그것밖에 못하는 아이, 반드시 그래야 하는 아이가 되고, 부모의 두려움 앞에서는 꼭 그렇게 되어 버릴 것 같은 아이, 절대 그래서는 안 되는 아이가 된다. 둘 다 비현실적인 극단적인 허상이다. 허상이기 때문에 조절할 수 없다. 실재가 아닌 것을 다룰 수 없기 때문이다. 그런 일은 일어날 수 없고, 이뤄지지 않을 허상이고 환상인 것인데 깊이 숨겨진 마음의 극단적 두려움과 욕망의 환상이 극단적 소용돌이를 일으키면 마음의 안정을 잃고 분노의 감정에 휩쓸리게 된다. 그도 그럴 것이 부모는 자녀에게 좋은 것은 최대한 주고 싶고, 나쁜 것은 최대한 주고 싶지 않기 때문이다. 결국 또 다른 '나'인 자녀에게서 나의 두려움과 욕망의 극단을 보는 것이다. 그 '최대한'이 두 극단이 되고, 두 극단의 의지가 강할수록 통합적이고 현실적이기보다 분열적이고 편집적인 환상이 펄럭이게 된다. 그것은 '나의 문제'이다. '내 마음'의 문제이다. 결국 아이에게 돌리는 매의 책임과 원인은 아이가 아닌 부모인 나의 원인과 책임으로 돌아올 수밖에 없다.

　왜 나의 욕망과 두려움의 연장선에서 아이를 그 마음의 노예로 키우려 하는가? 왜 내 맘대로 키우려 하는가? 그 마음이 현실적으로 통합되고 건강한 수준의 마음이 아닌 것이라면, 나의 두려움과 욕망이 반영된 환상에서의 훈육이라면 더욱 '내 맘대로' 하면 안 된다. 자녀는 나와 다른 또 다른 인격체이다. 자신의 생각과 마음을 가지고 있다. 타고난 존엄성을 바탕으로 생각과 감정을 가지고 자신의 생명과 잠재력을 만들어 갈 주체이다. 내 맘과 다름을 인정해야, 내 맘대로 할 수 없고 해서도 안 되는 것을 수용해야 한다. 나와 다름을 인정하면 화가 덜 날 수 있고 화가 부르는 분노의 매를 멈출 수 있다.

　매는 때리는 부모도, 맞는 자녀에게도 익숙함을 준다. 때리고 맞는 심리적 뒤엉킴의 익숙한 일상! 말로도, 눈빛으로도 맞지 않으면 허전해 못 견디는 익숙한 일상! 밀어내고 혼내고 거칠게 하지 않으면 사랑이 아닌 것 같은 익숙한 일상이 인생을 지배한다. 익숙함은 일상이 되고 인생이 된다. 그래서 매는 앞에 무슨 이름을 붙이든지, 무슨 이유를 대든지 그냥 학대이고 폭력이다. 모든 매는 반대다. "꽃으로도 때리지 말라."는 말처럼 아이들은 눈빛으로도, 말로도, 꽃으로도 때려서는 안 된다. 갓 태어난 신생아들을 목욕시킬 때 물의 온도를 최적으로 맞추고, 부드러운 천을 이용해서 씻기듯 부드럽고 따뜻한 사랑만이 온전한 성장과 긍정적 변화를 불러온다. 매를 들어야, 매를 맞아야 말을 듣거나 행동이 수정되는 것이 아니다. 아이들은 자라면서 꽃으로도 맞으면 안 된다. 그냥 용서해야 한다. 격려해야 한다. 안내해야 한다. 그냥 사랑해야 한다.

사랑의
허기와 배고픔

할아버지와 상담실에 들어선다.

양손에는 빵이 들려 있고,

양 볼은 빵빵하게 부풀어 있다.

놀이실에 들어가면서도 쥐고 있던 빵을 놓기 힘들다.

몇 번을 망설이며 힘겹게 내려놓는다.

놀이실로 발을 떼면서 간곡히 외친다.

"할아버지, 나 나가면 빵 또 사 줘야 돼."

한두 번이 아닌 듯 할아버지 고개가 자동으로 끄덕인다.

할아버지와 할머니는 아이들을 양육한다.

처음 할아버지 집에는 아이 혼자였다.

그때는 밥, 빵, 초콜릿에 대한 집착이 덜했다.

그런데 동생들과 같이 살게 되면서부터

집착이 심해졌다 한다.

똑똑한 둘째 동생!
귀여운 막냇동생!
그 사이에서 아이는 다시 사랑을 나눈다.
먹을 것을 경쟁한다.

이른 나이에 연애와 결혼을 하게 되어 아이들을 낳고
아빠는 늦은 나이에 군대에 가게 되었고,
엄마는 생활을 위해 공장 3교대를 하며 일하게 되었다.
점점 아이들을 양육할 수 없는 상황이 되면서
그렇게 차례대로 부모 품을 떠나
조부모 품에 오게 된 상황이다.

밥상을 차린다.
자기 분량으로 차려진 밥을 순식간에 먹어 치우고,
할아버지 밥을 수저로 퍼먹는다.
마구 퍼먹는다.
먹을 것을 보면 동생들이 먹을까 봐,
최고의 속도를 자랑하며, 정말이지 먹어 치운다.
탄수화물, 단순당과 사랑에 빠진 아이는 통통하다.
수시로 먹을 것을 찾는 아이!
주지 않으려는 조부모!

술래잡기 같은 갈등은 매일매일 반복된다.

할머니는 갑작스럽게 양육자가 된 상황이 힘들다.

허리를 펴기도, 간식을 해 주기도 벅차다.

아이들의 요구에 대응하기도 버겁다.

이 상황을 감당할 엄두가 나지 않는다.

황혼육아, 인생 끝자락에 우울감이 몰려온다.

다행히 할아버지가 경제적 활동을 유지한다.

아이들 양육에도 동참한다.

그런데도 순간순간 '내가 왜 이래야 하나?' 싶다.

갑작스런 우울감에 마음이 무너진다.

놀이실에서 나오자마자

빵 가게를 갈 약속을 받아내기에 바쁘다.

칭얼대고, 징징거리고, 매달린다.

빵을 뜯어 먹으면서 말한다.

"지금 가자. 지금 갈 거지?"

"진짜 꼭 갈 거지? 동생들은 안 줄 거야!"

먹고 뒤돌아서면 배가 고파지는 현상!

먹을 것을 양손 가득히 들고 있어도 없어질 것 같은 느낌!

먹을 것과 할머니, 할아버지를 서버쥐있는데도
모래가 주먹 사이로 세어 나가듯
마음속에서 뭔가 충분히 채워지지 않는 느낌이
자꾸 배고픈 느낌이
사라지지 않는다.
채워지지 않는다.
느낌이 배고파
배고픈 느낌이다.

사랑의 허기는 쉽게 채워지지 않는다.
사랑의 허기는 배부름의 감각을 잊게 만든다.
사랑의 허기는 배고픔의 만성적 각성을 일으킨다.
아이들이 안기는 것은 젖을 먹기 위해서만이 아니다.
아이들이 다가오는 것은 밥을 찾는 것만이 아니다.
먹을 것에 집착한다고 살찔 걱정만 할 일이 아니다.

할아버지와 할머니도 도움과 위로가 필요하다.
양육을 잘할 수 있도록 지지와 조언, 위로가 필요하다.
양육자도 마음이 지치고 배고프다.
아이는 빵만 찾을까?
빵으로 채워지지 않는 느낌을

빵이라도 없으면 견딜 수 있을까?
먹고 있으면서도 빵을 찾는 손주의 외침이
이유가 있는 외침이라는 이해가 필요하다.

사랑의 허기진 배를 채우기 위해서는
아이의 외침에 귀를 닫지 말고 마음을 열어야 한다.
사랑의 허기진 배를 채울 수 있는 건 빵이 아니라
바로 마음이기 때문이다.

할머니와 손주를 응원하며 손을 잡는다.
서로의 팔을 들어 포개 주고 안아 준다.
눈을 맞춘다.
눈으로 팔로 안아 먹이면 왠지 조금 덜 배고프다.

색종이에 실린 위대한 사랑

알록달록 색종이를 손으로 꾹 쥐어 놓는다.
엄마를 향해 "엄마 하트야. 엄마 사랑해."
엄마는 집안일로 바쁘다.
형형색색 색종이를 손으로 꾹 쥐어 놓는다.
엄마를 향해 "엄마 초콜릿이야. 엄마 먹어."
아이가 쥐어 준 색종이는 자신과 엄마를 연결한다.
색종이는 끝없이 주고 싶은 아이의 위대한 사랑이 된다.

서너 번 색종이를 받아 준 엄마는
점점 아이가 준 선물이 색종이로만 보이는 순간이 온다.
1단계는 미온적이다.
"이제 그만 줘. 엄마 이거 해야 하니까."
2단계에서부터 문제가 발생한다.
"엄마 바쁘니까 거기다 둬."

아이는 다시 색종이 한 박스를 접고 또 접는다.

엄마가 기뻐할 모습을 상상하며 접고 또 접는다.

3단계에서는 쓰레기가 발생한다.

바쁜 일상을 살아 낸 엄마에게 색종이는

집안일을 보태는 종이 쓰레기가 된다.

이제 엄마는 동심을 받아내기 힘들다.

색종이가 쓰레기로 보이기 시작한다.

그래서 버린다.

재활용 종이 코너에 혹은 쓰레기통에.

어릴 적 히어로 놀이를 해 보지 않은 남자아이들이 있을까? 스파이더맨이 된 아이는 책상에 거꾸로 매달리려 안간힘을 쓴다. 아이들은 자라나는 과정에서 과대한 자기를 느끼고 상상하고 경험한다.

힘 있고 멋있고 뭐든지 다 할 듯한 벅찬 느낌!

그런 능력이 있고 그런 사람이 곧 '나'인 것 같은 느낌!

세상을 다 가지고 다 움직일 듯한 엄청난 기운!

그런 느낌과 기운이 어디서 온 걸까? 그렇다. 엄마다. 엄마와 연결된 에너지다. 엄마와의 관계에서 온다. 현실보다 더 현실같이 가까운 그런 느낌들이 모여서 매달리고 뛰어 내리며 경험했던 감각과 상상의 느낌들이 '나'라는 정서와 정체성의 기초가 된다. 그리고 점점 자신이 스파이더맨은 아니지만 그렇게 되고 싶고 그렇게 될 것 같은 느낌은 그대로지만현실적으로 그렇지 않은 부분을 구분하는 능력이 생기고 점진적으로 현실을 반영하고 조절하는 자기를 형성해 간다.

현실에서 지금은 불가능하지만 그래도 스파이더맨처럼 멋진 '나'의 느낌은 매일매일 자유로운 마음과 상상의 날개를 펼친다. 동그랗게 완전하고 무한하고 온전한 마음의 잠재력과 가능성을 현실로 끌어내고 만들어 내고자 한다. 현실 앞에서 현실을 넘어서 현실을 뚫고 앞으로 위로 사방으로 나아가게 한다. 동심은 불가능을 가능으로, 상상을 현실로 경험할 수 있게 어제와는 또 다른 내일의 현실을 창조한다.

작은 아이가 꾹 쥐어 놓은 색종이는 오랫동안 아이의 침대 아래 큰 통이 담겨 있다. 색종이가 휴지 조각으로 처리되는 결정은 아이가 몇 살이든 아이가 결정해야 한다. 지저분하다고, 필요 없어 보인다고 쓱 버리면 안 된다. 색종이를 버리는 게 아니고, 아이의 동심을 버리는 것이다. 아이의 창의력과 엄마를 향한 사랑의 충성심을 버리는 것이다. 아이가 가치를 부여한 만큼 엄마도 의미와 가치를 두는 지혜가 필요하다.

아이는 하찮은 무언가를 이용해서 가치 있는 어떤 것을 만든다.

하찮은 무언가는 현실이지만 만든 어떤 것은 상상 속 의미와 가치이다. 엄마를 위해 부여해 준 어떤 가치는 자신의 엄청난 에너지와 그 느낌을 담아 무한한 잠재력과 가능성의 원천을 연결해 놓은 어떤 것이다.

아이가 엄마를 위해 무엇을 만들어 준다면 아이가 부여해준 대로 소중하게 다루어야 한다. 아이를 소중하게 느끼는 엄마라면 현실에서는 볼 수 없는 보이지 않는 것을 볼 수 있는 눈과 능력이 필요하다. 아이가 보이지 않는 엄마의 사랑과 에너지를 알아차리고 보듯이 그것을 되돌려 준 아이의 하찮은 선물이 가진 의미와 가치를 엄마는 알아보아야 한다. 색종이에 담겨 있는 아이들의 위대한 사랑을 깊게 느껴야 한다.

아이의 물건을 함부로 버리지 말자! 정리 안 하면 버린다고 협박하지 말자! 엄마는 정리를 좋아하지만 아이들은 어지르고 노는 걸 좋아한다. 어지르고 놀아 봐야 정리하는 아이가 된다. 충분히 상상하고 맘껏 어질러야 상상한 만큼 충분히 성장한다.

시냇물은 졸졸졸졸!

중학교를 기숙형 대안학교에 보낸 부모가 있다. 오랜 고민 끝에 아이에게 새로운 경험과 세계를 넓혀 주겠다는 결정을 하고 과정을 잘 진행했다. 아이는 부모와 충분한 대화를 통해 마음을 잘 다지고 긍정적인 기대를 품고 기숙사에 들어갔다. 이별 아닌 이별을 마주해야 했던 엄마는 우울 아닌 우울함을 달래며 아이를 매일 보지 못하는 현실을 견디고 참아 낸다. 아들을 군대에 보내는 것은 어쩔 수 없는 일이지만 초등학교를 막 졸업한 외동딸 아이와 생이별이라니! 그것도 내가 결정해서 이런 상황이라니! 보고 싶은 눈물을 흘리며 발등을 찍는다. 그래도 참아야 하느니! 입대 백 일 휴가가 있듯이 신입생들은 백 일이 지나면 집으로 휴가를 받아 온다. 그렇게 마늘과 쑥을 먹고 참았던 호랑이와 곰처럼 포기하지 않고 맵고 쓴 시간을 엄마는 견디기로 다짐한다.

코로나 확산이 오르락내리락하던 중, 기숙형 대안학교와 관련된 집단감염의 문제가 불거졌다. 정부의 방역 지침에 따라 검사와 안전을 위해 학생들 모두를 잠시 집으로 보내기로 한 공지가 올라왔다. 오랫동안 외출, 외박 없이 집단 격리처럼 외부와 차단하며 방역을 관리했던 학교는 기숙형 학교에서의 집단감염이라는 이슈로 인해 안으로부터 집단을 풀어야 하는 처지에 놓인 것이다.

3월 말 집으로 모두 돌려보내 검사와 자가격리 후 다시 모이기로 한 방침에 따라 신입생의 엄마는 한 달 만에 다시 아이를 볼 수 있는 반가움에 희망을 품는다. 너무 기쁘고 벌써 흥분이 된다. 얼마 남지 않았다. 2주만 지나면 볼 수 있게 된다. 그러나 반가움과 희망은 이내 물거품이 되고 만다. 다른 학년은 그대로 외박이 되지만 신입생들은 원칙대로 5월이 되어야 나갈 수 있단다. 행정적 착오와 실수를 인정하되, 일정은 변함이 없다는 소식을 듣는다. 다시 백 일의 마늘과 쑥을 마주해야 한다. 아이도 엄마도 모두 맘이 상한다. 슬프다. 화가 난다.

아이는 엄마에게 통화로 속상함을 쏟아 낸다. 보고 싶은 마음이 어디 엄마뿐이었을까? 아이의 마음은 오죽했을까? 어제까지도 "엄마! 엄마!" 하던 그 엄마를 못 보고 견디는 시간이 쉽지 않았을 터, 전화로 속상함을 달래야 하는 처지는 바뀌지 않는다. 엉엉 울면 차라리 덜할 텐데 숨죽여 우는 아이로 인해 엄마는 당장이라도 아이가 있는 기숙사로 향하고 싶은 충동을 참는다. 현실적 판단 앞에서 아이의 눈물을 핸드폰 너머로 듣는 마음은 무겁고도 무거운 바위가 된다. 떨어져 지내는 것도 가끔 울적함을 더하는데 아이의 슬픔과 아픔이 짐작되니 엄마의 심장은 슬픔, 아픔을 넘어 분노가 섞인 감정에 압도된다. 그 화살이 학교 행정으로 돌려져 엄마, 아빠가 교육청 감찰관이 되어 학교의 실수를 다그치고 아이들의 상처를 명분으로 쪼아댄다. 합리적이고 이성적으로 대처하는 듯하지만 억누른 슬픔과 분노를 핀셋과 송곳으로 만들어 조목조목 집어내고 찌른다.

때로는 미발달한 아이보다 미성숙한 부모가 나타날 때가 있다. 아이는 몇 시간 만에 소화할 일이고 가라앉을 감정일 텐데. 엄마 목소리를 듣는 순간 참아 낼 힘을 받았을 텐데. 원칙과 교칙을 지켜 내면 더 큰 보상이 주어지는 기쁨을 알고 있을 텐데. 그렇게 엄마라는 정화 주머니에 자신의 불편하고 슬픈 감정을 푹 담갔다가 꺼내면 그만일 텐데. 부모의 마음이 아이의 마음보다 더 치우치고 좁아지는 경험을 하게 된다.

부모는 자녀 일이라면 이성을 잃는다. 시청률 높은 드라마에서 자녀에게 열심인 엄마들이 막장 태도들을 보인다. 현실의 엄마들이 이성의 끈을 잡고 실행하지 않을 뿐, 마음 한구석에서는 '내 금쪽같은 새끼를'이란 느낌에는 동조하며 드라마를 본다. 특별히 가정이라는 테두리에서는 가족 정서의 많은 부분을 엄마들이 지휘한다. 아무리 무서운 가부장적 아빠라도 감정은 엄마에 의해서 지휘가 이루어진다. 그래서 아빠가 차분하게 대처하며 돕다가도 엄마가 흔들면 흔들리는 경우가 많다. 아이의 일 앞에서는 더더욱 서로 흔들리기 쉽다.

아이들은 조금 다르다. '마마보이', '파파걸'이라서 하나부터 열까지 해결해 주기를 바라는 녀석들도 있겠지만 심리적 독립을 성취한 아이라면 부모는 오염된 공기를 순간적으로 정화해 주는 공기 청정기면 된다. 목소리만 들어도, 부모와 평소에 나눴던 대화의 느낌을 상기하면 회복되는 능력이 있다. 전압이 다른 상황에서 변압기를 사용하듯 그렇게 부모를 변압기로 사용하도록 내주면 된다. 우리 아이에게 자정 능력과 정화 능력이 있음을 믿고 대하면 될 일이다. 아이의 상황에서 나의 미해결 된 심리적 문제와 불안을 불러와 눈을 굴려 눈덩이를 만들지 말아야 한다. 흔들리는 마음을 부모에게 털어놓고 중심을 잡고 싶은데, 부모가 더 흔들리면 아이는 정화 능력을 잃는다.

청소년이 된 자녀를 멀리서 바라보며 격려하고 축복하는 일은 쉽지 않다. 성숙한 분리와 의존을 경험하고 발달해야 가능하다. 부모와 자녀 둘 다 마찬가지다. 품에 가까이 있으면 안고 업으며 아이와 자신의 마음을 달랠 수 있지만 멀리 떨어져 있으면 품도, 필요도 바로 제공할 수 없는 만큼 불안과 안쓰러움이 커지기 마련이다. 하지만 아이만 성장하는 게 아니라 필요한 분리를 통해 부모도 성장해야 한다. 성장하며 분리하고 분리되며 성장한다. 그래야 성숙한 의존과 독립이 가능해진다.

부모는 마중물이다.
오염되고 심란한 마음에

새로운 희망을 펌프질 하게 하는 마중물!

부모는 빗물이다.
불안하고 두려운 마음을
새로운 마음으로 씻어 주는 빗물!

부모는 시냇물이다.
파란 하늘과 들꽃을 바라보며
요란하지 않게 함께 흘러가는 시냇물!

오늘도 자녀를 믿고 사랑하는 동지인 모든 시냇물을 응원한다. 모든 부모가 그렇게 멈추지 않고 함께 흘러가기를 소망한다.

시냇물은 졸졸졸졸!

쌀! 보리! 쌀!

아이는 자신의 요구를 받아들여 주지 않는 부모를 향해 솔직하고도 담백하게 그리고 직설적으로 표현을 한다. "엄마 미워." 이 말을 듣고 미소를 띠며 반응하는 부모를 많이 보지 못했다. 아니다. 미소는 보았다. 느낌이 다를 뿐! 약간의 미소를 지으면서 표현해 보라. 단, 실눈을 떠야 한다. "엄마는 네가 뭐, 예쁜지 아니? 엄마도 너 미워." 툭하고 진짜, 있는 그대로 되돌려 준 것일 수도 있다. 어쩌면 아이가 진짜 미워서가 아니라, 귀여워서 그럴 수도 있다. 심하게 놀리려는 것도 아니다. 아이 반응이 재미있기도 하고, 솔직하고 당돌하고 너무 귀여워서 장난기로 따라 해 보는 것일 수도 있다. 아이가 한 말을 번역기로 돌려 보자!

"엄마 미워."
  - '엄마는 내가 좋다면서 내가 원하는 것을 주지 않아서
    속상해!'

- '나는 엄마가 너무 좋은데, 엄마는 나보다 소중한 게 더 많은가 봐!'
- '난 엄마가 내가 원하는 걸 잘 들어주면 좋겠어.'
- '내가 엄마한테 제일 소중하지 않은 것 같아서 너무 슬프고 화가 나!'

"엄마 미워"

아이는 나름대로 상당히 심각하고 진지하다. "엄마 미워." 뒤에 번역기를 돌린 말들은 표현되지 못하고 느낌으로만 지나간다. 아이는 자신의 깊은 느낌을 사고하고 객관적으로 설명하듯 언어로 표현할 수 없다. 순간적 느낌을 언어로 표현하는 능력은 부족하고 미숙한 게 당연하다. 경험하는 자신과 그런 자신을 관찰하고 표현하는 자기를 구분할 수 없다. 압축해서 간신히 담은 표현이 "엄마 미워."다.

엄마가 아이에게 받은 스트레스와 힘든 것을 '눈에는 눈, 이에는 이'라는 공식처럼 돌려주었든지, 말의 숨은 느낌과 의미를 알아차렸지만, 귀엽게 놀리듯 반응했던지, "엄마도 너 미워."라는 말로 반응하면 그건 '위악'이 된다. 나쁘던지, 나쁜 척하던지 좋지 않은 것은 엇비슷하다. 아이는 미숙하고 단순하다. 아이는 심각하고 진지하다. 순진하게 그 말을 진실로 받아들이고 그만 울어 버렸다.

공평하지 않다. 기울어진 운동장이다. 되돌아온 "엄마도 너 미워."는 아이가 "엄마 미워."라는 것과 같은 값이 아니라는 것을 엄마는 놓치고 있을 수 있다. 공평하지 않다. 아이가 엄마에게 준 공격성이 마이너스 100원이라면 엄마가 돌려준 공격성은 마이너스 500원, 아니 마이너스 1,000원일 수 있다. 아이와 엄마의 느낌의 교환은 절대 공평하지 않다. 아이와 엄마는 공평한 위치에 있지 않다.

자녀를 향한 부모의 사랑과 헌신은 크다. 엄마에게 자식은 자신과 같고 세상의 전부라고 말한다. 부모는 자녀에게 모든 것을 다 줄 수 있을 만큼 자녀가 소중하다 한다. 하지만 일반적으로 그렇다고 여기는 것이 실제 현실에서 그대로 나타나는 것은 아니다. 어버이의 사랑과 책임, 헌신과 희생을 강조하면서 그 은혜를 강조하는 경우는 많다. 그런데 자녀가 자라면서 경험하는 부모와의 심리적 관계는 아주 복잡하고 개별적이다. 예외도 많고 어긋나고 실패하는 심각한 경우도 많다.

똑같은 공격성의 강도로 비교하면 곤란하다. "엄마 미워." 하고 아이가 엄마에게 -100을 주면 "엄마도 너 미워." 하고 똑같이 그대로 반응할 때 아이처럼 엄마도 아이에게 -100을 준 것으로 계산될 듯 보인다. 그러나 엄마와 아이 관계에서 공격성의 원리는 그렇게 계산되고 작동하지 않는다. 엄마와 아이의 관계에서 나타나는 심리적 경제 원리는 계산법이 다르게 처리된다.

아이의 싫은 느낌, 사랑받지 못한 것 같은 -100의 공격성이 엄마에게 갔을 때, 엄마가 받기 싫다고 그대로 '반사'할 때, -100으로 공격성을 그대로 돌려주어 엄마는 0이고 아이는 자기 -100을 다시 그대로 가지게 되는 것처럼, 거래될 것처럼 계산하기 쉽다. 하지만 그렇지 않다. 아이가 준 공격성 -100이 엄마 마음에서 공격성을 일으키면 이것은 엄마 마음에 -100 그대로일 수도 있고, -1,000이 될 수도 있다. 받은 것에 엄마의 어떤 것이 달라붙는다. 이것을 아이에게 주면 일단 그대로 되돌려 주는 게 아니다. 시간 차이가 없고, 보이지 않고, 똑같은 말처럼 들리지만, 마음에서 일어나는 어떤 것들의 무게는 말과 눈으로 발견되지 않는다. 심지어 엄마가 돌려준 것을 아이는 -10,000으로 느낄 수 있다. 얼마나 황당한, 혼란한 거래와 계산인가! '엄마'라는 지위와 힘과 권력은 아이와 공평하지 않다. 엄마와 아이의 심리적 거래는 공평하지 않다. 아이는 엄마가 -100이라고 돌려준 반응을 -1,000으로, -10,000으로 처리할 수 있다. 엄마가 돌려주는 것은 무조건 뒤에 최소 0이 하나 더 붙게 된다.

힘과 권위로 통제하면 될 것 같지만 아이들은 우리의 생각보다 훨씬 똑똑하다. 자신의 정체와 존재와 욕구와 만족을 얻고 지키기 위해 욕구와 행동을 이상하게 비틀 수 있다. 등원하거나 등교할 때 준비를 느리게 하기, 결정적 순간에 화장실 가기, 비싼 것을 양껏 먹고 토하기, 새로 산 비싼 물건 잃어버리기, 어떻게든 모른 척 대답 안 하기, 하지 말라는 것만 골라 하기. 등등 수없이 많은 전략을 통해 자신이 돌려받은 좋지 않은 계산서를 처리하기 위해 다양한 방식으로 공격성을 해소하려 할 것이다. 누구라도 마이너스 통장과 빚을 끌어안고 사는 것은 힘들고 지치는 일이다. 괴롭고 고통스러운 것이다. 그러니 어떻게든 덜어내지 않고 견딜 수 없게 된다. 그렇게 해야만 내 삶을 견디고 살아갈 수 있다.

둘이 손을 이용해야 하는 '쌀, 보리' 게임이 있다. 한 사람은 두 손을 펴고 야구 글러브 모양을 취하고, 한 사람은 주먹을 쥐고 상대의 손안으로 넣었다 빼는 놀이이다. 들어가고 나오는 사이 주먹을 쥔 사람은 쌀이나 보리 중에 한 단어를 외쳐야 한다. 쌀은 잡아야 하지만 보리는 잡아도 놓아주어야 한다. 문제는 한껏 힘을 주고 있다가 상대의 주먹을 잡아도 "보리."를 외쳤을 때는 힘을 빼고 놓아주어야 한다. 보리라고 하겠지! 생각하고 긴장을 늦췄는데 "쌀." 하고 훅 들어오는 주먹을 잡으려다 놓치기도 한다. 방법은 한 가지이다. 어떤 말일지 상상하고 판단할 것 없이 그저 긴장을 낮추고 '쌀'이든 '보리'이든 최선을 다해 양손 안에 상대의 주먹을 받아 안으면 된다.

아이들의 공격성도 마찬가지다. −100원 공격성을 표현했을 때 −1,000원으로 재공격하지 않고 품어서, 오히려 +1,000원으로 되돌려 줄 때 점점 아이에게 + 감정들이 증가하게 되고, 공격성이 점차 완화된다. 아이의 공격성에 엄마의 공격성을 발휘해 싸우고 대결하고 전쟁을 치르는 것은 결코 아이의 성품을 조기에 바로잡는 좋은 전략도 좋은 선택도 아니다. 오히려 멀리 보면 손해다. 심리적 경제 원리는 그렇게 힘으로 작동하지 않는다. 오히려 마이너스인 공격성만 가중할 뿐이다.

아이들의 공격성에서 살아남는 방법의 하나는 내 안에 성능 좋은 번역기를 잘 사용하는 것이다. 우리 아이는 나를(엄마) 괴롭히기 위해 태어난 아이가 아니라는 번역기! 나를 놀리거나 이겨 먹으려는, 괘씸하게 일부러 알면서 못되게 구는 아이가 아니라는 번역기! 나를 힘들게 하려는 우주 최강 괴짜가 아니라는 번역기! 짜증과 투덜대는 말이 아니라, 불안하고 어쩔 줄 몰라 당황하는 표현이라는 번역기! 불평과 불만이 아니라, 원하는 것을 만족하지 못한 슬픔과 속상함의 표현이라는 번역기!

번역기는 아이와 상관없는 나의 눌렸던 공격성이 일어나는 것을 막아 준다. 그렇게 번역기를 돌려서 아이의 공격성을 담아 두고는 내 안에서 다른 것을 꺼내 아이에게 돌려주면 최고이다. 바로 '더 좋은 것'으로 돌려주는 것이다. 아이가 밤송이를 엄마에게 던지면 엄마는 밤송이를 까고 알밤의 껍질을 까서 맛있는 알밤 알맹이를 건네주는 것이다. 가시 밤송이가 맛있는 알밤 알맹이로 돌아오는 것이다. 어릴수록 심리적 투자를 더 많이 하는 것이다. 수용하고 용서하고 칭찬하고 격려하고 안내하고 기준을 정확히 주고 일관성을 유지하는 것이다.

아이가 공격성을 발휘해서 던지는 것들은 던지는 그런 힘을 내는 것 자체가 발달하는 것이다. 공격성이 마이너스가 되지 않도록 받아주고 되돌려줄 때 좋은 것으로 투자하듯 넣어주면 마이너스가 자산이 되고 잠재력이 되고 자기주장이 되어 플러스로 돌아서고 플러스가 계속 확장해서 건강한 주도성과 주장과 리더십으로 발달하게 될 수 있다.

두 손을 크게 펴자! 마음을 넓게 펴자! 아이들이 마음껏 '보리, 쌀'을 외치며 들어오도록 허락하자! 성실하게 잡아 주고 속아 주고 웃어 주고 놓아주고 풀어주면서 맘껏 안전하게 공격성을 펼치도록 받아내자! 그 웃음과 집중과 열심과 주먹이 자신의 인생을 뚫고 나아가는 힘찬 자유와 행복의 힘으로 펼쳐지도록 응원하자! 자! 오늘 아이들과 '쌀, 보리' 게임! 한 판!

쓸데없는
소리 좀 하지마

아이가 눈썹이 있는 이유! 손톱이 있는 이유! 콧구멍이 있는 이유를 배우는 과정은 재미있다. 인체의 신비다. 몸의 여러 기관의 기능을 배우는 것도 재미있지만 신체의 기관 중 필요 없는 기관, 쓸데없는 것이 없다는 사실이 더 흥미롭고 신기하다. 다 이유가 있고, 다 쓸데가 있다.

초등 5학년 때 담임 선생님께서는 '새가 우는 건지, 노래하는 건지'를 질문하셨다. 이제까지 '새가 운다.'라고만 생각했던 나는 그 후로 '새가 지저귄다! 새가 노래한다!'라고 생각하고 표현할 수 있게 되었다. 오늘 아침도 가벼운 날갯짓에 소리를 실어 새가 지저귀고, 노래한다.

아이들이 있는 집이면 아침마다 새가 지저귀는지 노래하는지 감상할 시간이 없다. 너무 빠르게 지나간다. 바쁜데 진도는 나가지 않는다. 그래서 엄마들은 아이를 다그치거나 숨 가쁘게 몰아치거나 혼자서 이것저것 처리하기에 바쁘다. 순서야 어떻게 진행되든지 일어

146

나는 데서부터 먹고, 씻고, 입고, 신고, 집을 나서기까지가 그야말로 전쟁이 따로 없다. 그것이 매일 반복되는데도 어쩜 잘 개선이 되지 않는지 신기할 때가 있다.

오늘 아침도 아기 새 한 마리가 찾아와 엄마 앞에 내려앉았다. 엄마 옆에서 아기 새가 조잘댄다. 엄마 옆에서 아기 새가 징징댄다. 아기 새는 또 꾸물대고, 징징대고, 조잘댄다. 할 일이 많은 엄마의 하는 수 없이 외마디를 날린다.

"쓸데없는 소리 좀 그만하고 밥이나 먹어!"

현실이 버거운 엄마는 아기 새의 조잘댐이 쓸데없는 소리로만 들린다. 맘이 바쁜 엄마의 아침 일상에서는 아기 새의 노래를 들을 수 없다. 아이들은 아직 조리 있게 말하지 못한다. 졸리거나 깨거나, 배고프거나, 배불러도 엄마를 찾고 조잘댄다. 슬프고 화나고 불안하고 혼란하면 더욱 그렇다. 자신의 알 수 없는 느낌과 욕구와 어떤 마음을 나누고 싶은 아이들은 그저 조잘댄다. 왜 그런지, 어찌해야 하는지, 알 수도 처리할 수도 없는 것들을 놓고 그저 조잘댄다. 옹알옹알, 주절주절, 투덜투덜 쉼 없이 조잘댄다. 사소한 것들과 쉼표 없는 소리로 앞뒤 없이 조잘댄다.

무슨 이야기를 하고 싶은 것일까? 무슨 마음을 전하고 싶은 것일까? 아이가 옹알대던 소리가 그렇게 정겹고 신기했던 때가 있지 않았던가? '엄마, 맘마, 아빠.' 하며 말이라는 것을 하기 시작했을 때 또 해 보라며 제발 한 번만 더 들려달라고 애원하던 순간이 있지 않았던가? 그런 때가 언제였는지 기억이 까마득하기만 하다. 이제는 아이의 조잘댐이 '쓸데없는 소리'라고 그 입을 다물고 말하지 말라고 몰아치고 있다. 조잘대는 그 이야기를 타고 아이 마음에 닿고 잠시 마음에 앉아 사랑의 인사와 사랑의 노래로 입맞춤할 시간이 정말 없는 것일까? 찰나의 사랑 노래를 감지할 느낌의 안테나를 잃어버린 걸까?

아이들의 조잘댐이 쓸데없는 소리로 흩어지지 않게 하려면 엄마가 여유가 있어야 한다. 민감함이 있어야 한다. 마음과 생각의 전환이 필요하다. 아이가 꾸물대고, 징징대고, 조잘거리는 데에는 다 이유가 있다. 쓸데가 있다. 마음의 여유를 가지고 보고 들으면 다 쓸모 있는, 쓸 데 있는 것이 들어 있다.

이제까지 운다고만 생각했던 고정관념의 틀을 깨뜨려야 한다. 아이가 늘 시답잖은 소리를 하고, 쓸데없이 조잘대고 징징댄다고 자동적으로 느끼는 그 굳어진 마음과 생각을 바꾸어야 한다. 아무리 맥락 없이 뜬금없이 반복되는 말들 속에도 어떤 마음이 자리하고 있다. 느낌이 움직이고 있다. 아무리 사소하고 의미 없어 보이고 실수하는 말들 속에도 중요하고 진지하게 다루어야 할 필요가 숨어 있을 수 있다.

맥락을 멀리 길게 보면 보이지 않던 맥락이 보일 수 있다. 깊이 보면 느낌과 의미가 드러날 수 있다. 내용도 중요하고 상황도 중요하고 관계도 중요하고 느낌도 중요하다. 그러니 그냥 또 쓸데없이 떠든다고만 처리하거나 흘려보내거나 막아 버리지 말자! 말과 내용 그 뒤에 속에 뭔가 그 마음에 꼭 쓸모 있고, 쓸 데 있어서 요청하는 꼭 필요한 무엇인가가 담겨 있을 수 있지 않을까? 한 번쯤 그런 마음과 생각으로 듣고 가만히 보면 다른 소리가 들린다. 다른 아이가 보인다.

더 중요한 기능은 엄마의 듣는 귀만이 아니라 듣고 말하기 하는 엄마의 입이다. 말이다. 쓸데없이 징징대고 조잘대는 아이의 소리를 아이에게 꼭 필요한 쓸모 있고 쓸 데 있는 소리로 엄마가 찾아서 다시 전달해 주어야 한다. 아이의 말을 찾아주어야 한다. 그러면 아이는 다르게 말할 수 있다. 정확히 말할 수 있다. 아이는 아직 자신의 느낌을, 생각을, 필요를 잘 감지하고 정확히 표현하기가 어렵고 혼란하다. 잘 판단할 수도, 정리할 수도 없다. 아직 그런 능력이 진행 중이다. 똑바로 말하기 어렵다. 엄마와 안정적인 소통과 대화 관계가 잘 연습되지 않은 아이는 더 그렇다. 엄마가 자기 마음의 욕구와 필요를, 감정을 받아 줄지 들어 줄지 이해해 줄지 알아주고 만져 줄지 확신이 없다면 우물쭈물 빙빙 돌아가며 말하게 된다. 요점을 놓치게 된다. 감정이 혼란하게 작용해서 명확하게 보지 못하고 말하지 못한다.

말을 배운다는 것은 마음과 생각을 배우는 것이다. 느낌과 생각과 욕구와 필요를 감각하고 감지하고 그것을 말에 잘 담아서 표현하며 전달하는 것이다. 말은 혼자 배울 수 없다. 말은 대화를 위한 것이고 관계를 위한 것이다. 대화 관계가 있어야 가능하다. 관계가 있어야 연결이 있어야 소통이 있어야 그런 것을 알 수 있다. 대화 관계에서 아이는 자신도 만나고 생각도 마음도 필요도 느낌도 만나고 알 수 있게 된다. 꼭 필요하고 쓸모 있고 쓸데 있는 것들이 사소하고 반복되는 일상의 대화 관계 속에서 연습되고 완성된다. 엄마는 그런 대화 관계의 첫 교사이다. 엄마가 잘 듣고 잘 말해 주면 아이는 꼭 필요하고 쓸 데 있는 말을 똑 부러지게 정확하게 말할 수 있게 된다. 그 말이 행동과 연결되어 정확히 말하고 바르게 행동하게 된다.

아이들이 내는 소리에는 쓸데없는 소리는 없다. 엄마를 향한 간절한 마음의 소리를 들을 귀가 필요하다. 아이들의 요청과 필요와 호소를 들을 수 있는 귀가 열리고 그것을 충분히 채워 주는 손발이 움직이고 나면 아이들은 아침마다 천상의 노래를 선물할 것이다.

'쓸데 있는 소리!'
'쓸데 있는 시간!'
'쓸데 있는 놀이!'가 있는 풍경! 그게 육아다.

아름다운 이별

아가가 이별을 잘 못했잖아.
아빠는 몰라.
이거 안 끊어 봤잖아!
쪽쪽이 내가 끊어 봐서 아는데 그거 진짜 힘들거든요.
마지막으로 물어봐야 안녕할 수 있어요.

아가야! 네 마음 다 알아.
이거, 마지막 못 물었잖아.
이거, 쪽 하고 싶었잖아. (맞아!)
아가야. 이거 딱 세 번만 물어. 세 번이야.
한 번, 두 번, 자~ 마지막이야!

마음 간단히(단단히) 먹어!
아기야! 네가 버려야 해. 네 손으로 버려, 놔.

그렇지 잘했다.

너 이제 집에 가서 티브이 봐도 된다.

벤 많이 컸다.

〈슈퍼맨이 돌아왔다〉 프로그램에서 윌리엄과 벤틀리 형제에게 받은 감동이 아직도 생생하다. 27개월 동안 희로애락을 함께하며 벤틀리를 품어 주었던 쪽쪽이와의 아름다운 이별식! 그 이별식에서 가장 큰 역할을 해 준 형 윌리엄은 현장에 있는 어느 상담사만큼의 역할을 했고, 그 역할은 감동과 놀라움을 일으킬 만큼 강렬했다.

충분한 공감과 적절한 제한을 주는가 하면, 자발성을 발휘하도록 격려하고 용기 북돋아 준다. 받고 싶은 보상과 칭찬을 배합하는 기술까지 발휘하며 상담적 예술성을 높인 하나의 완성작을 연출한다. 형이 자신의 경험을 바탕으로 진솔하고 친절하게 안내하는 장면을 보고 있자니 지금의 형제애가 충분한 공감능력을 타고 앞으로도 얼마나 더 빛나게 될지 상상에 확신을 더하게 된다.

자녀들이 장난감을 가지고 놀이 후 정리하지 않을 때 쉽게 말한다. "정리 안 하면 버린다." 자녀들이 모아 온 쓸데없어 보이는 잡동사니에 찡그림 한 스푼과 근심 한 스푼을 더한 푸념으로 "쓸데없는 것 좀 버려." 자녀는 컸지만 보유하고 싶은 놀잇감, 아이의 물건을 누군가에게 나눌 것을 강요하며 "쓰지도 않으면서 나누면 좋잖아. 놔 놨다 버릴 거면서." 버리는 것과 보관하는 것과 나누는 것의 결정권은 아이에게 있다. 그 물건들에 스며 있는 정서와 추억과 기쁨은 아이만 알기 때문이다. 자녀들의 물건에 녹아들어 있는 소중함을 소중하게 다룰 필요가 있다.

27개월 된 아이에게 쪽쪽이는 생의 초기 입안 가득 머금은 풍성한 세상이다. 목마름과 배고픔과 정서적 허기를 달래주는 커다란 냉장고다. 세상을 궁금해하고 세상과 소통할 준비를 하게 하는, 두려움을 안아 주는 요람이다. 그러니 이별은 아이가 충분하게 준비되었을 때 공감과 대안으로 스스로 결정하도록 돕는 게 맞다. 아이를 돌보는 게 힘들어서 아이의 의지와 상관없이 입에 밀어 넣는 쪽쪽이가 아니라, 아의의 환상 속에 꿈꾸는 세상을 인정하고 수용하는 돌봄을 제공하면 된다. 그러면 아이는 사인을 보낸다. 이제 단단한 마음으로 아름다운 이별을 할 수 있다는 사인을!

공감하고 위로하는 첫째를 경험하고 싶다면! 위로를 통한 격려를 수용하고 결단하는 둘째를 만나고 싶다면! 형제의 아름다운 거래 속에 아름다운 이별과 아름다운 세상과의 만남의 장면을 보고 싶다면!

어른들이 이별을 잘해 보자.

이별은 아.름.답.다!

아빠 바보

  32개월 된 딸아이가 아빠 손을 잡고 온다. 아빠 외의 다른 사람을 향한 의심, 경계, 방어의 울타리를 눈빛으로 쌓으며 온다. 늦게, 어렵게 아이를 출산하게 된 부부는 아이의 어떤 행동도, 표현도 사랑스럽기만 하다.

  자신의 안전을 강력하게 책임져 줄 것 같은 아빠와 놀이실에 들어온다. 아빠를 자신의 언저리에 두고 놀잇감을 탐색한다. 놀잇감에 집중하게 되면서 긴장과 경계가 풀린다. 자신이 버튼을 눌렀는데 물고기 게임기가 작동되지 않는다. 아빠를 발로 툭 친다. 자신의 필요를 언어로 표현하지 않아도 알아서 손과 발이 되어 주는 아빠가 있다. 물고기 게임이 아빠의 도움에도 작동되지 않자, 아빠를 정확하게 바라보며 "아빠 바보!"라고 외친 후 놀잇감을 던진다. 평소에도 익숙한 모습인 듯 아빠는 웃기만 한다. 단호함 같은 표정과 행동은 어디에도 없다.

  아빠는 아이에게 밥이다! 아빠는 아이에게 껌이다! 아이는 밥이 되고 껌이 된 바보 아빠의 성벽에 갇혀서 규칙을 지키면 더 재미난 세상으로 나갈 수 없다. 안전한 성벽은 또한 자신을 가두는 감옥이 될 수 있다는 것을 모른다.

"놀잇감이 잘 안 돼서 속상해? 하지만 아빠한테 그런 표현은 쓸 수 없어."

규칙과 제한을 부드럽고 단호하게 전달해야 한다. 경계와 제한, 규칙을 배워야 하는 발달 시기가 되었는데도 그것을 도와야 하는 부모가, 아빠가 아이의 밥이 되고, 껌이 되는 수준에 머물면 아이는 성장하지 않는다. 아빠가 아이의 성장을 막고 있는 꼴이 된다.

아이가 얼마나 예쁘고 귀할까! 눈에 넣어도 아프지 않을 만큼 아빠 눈은 이미 먼 지 오래다. 세상과 나는 간데없고 오직 아이만 보인다. 지극히 자연스럽다. 그러나 이제는 한쪽 눈만 감고 한쪽 눈은 떠야 한다. 아이는 점차 현실에 눈을 뜨고 자기 손발을 사용해 세상과 씨름하고 놀이해야 하는 시기이다. 세상은 내 마음대로 다 돌아가지 않는다는 엄연한 현실의 불편을, 갈등을, 슬픔을 다양하게 경험하고 맞이해야 한다. 이제까지는 다 되고 충분히 다 할 수 있었다면 점차로 안 되고 다 할 수 없는 것을 알아가야 한다. 점진적 좌절을 아빠가 함께해야 한다. 도와야 한다. 일부러 제공해야 한다. 하고 싶다고 다 할 수도 없고, 하기 싫다고 안 할 수도 없다. 언제 되고 안 되는지, 무엇을 하고 안 할지, 어떻게 그 경계와 규칙이 발생하는지, 그때마다 어떤 제한과 약속과 능력이 필요한지, 그것도 이제 혼자서 자발적으로나, 자율적으로 이해하고 판단해야 하고, 스스로 선택하고 결정하고 실행하는 능력을 펼쳐야 한다.

바보는 할 수 없다. 아빠 바보는 아이에게 이런 기회를 주지 않는다. 아이의 잠재력을 막고 누른다. 그런데 그걸 모르면 진짜 바보가 된다. 아이의 "아빠 바보."라는 말에 웃으면 진짜 바보가 된다. 아빠만이 아니라, 아이까지 바보가 된다. 아빠의 웃음이 아이가 살아갈 세상을 향한 높은 장벽이 된다. 세상을 이해하고 대처할 능력을 가로막는 걸림돌이 된다. 아이가 세상과 타인을 만나고 느끼고 이해하고 적응하며 더 많은 능력과 행복을 누리지 못하도록 가두는 감옥이 된다.

바보 아빠 구출 작전이 필요하다. 아이와 세상 사이에 끼어서 그 과정을 점차로 안내하고 둘이 친하게 사귀고 놀이하도록 함께할 아빠는 똑똑해야 한다. 부드럽고 단호하게 똑똑한 아빠가 필요하다.

아빠는 내가 아빠를
아주 좋아하는 줄 안다

아들을 향해 뭐든지 부정적인 것만 잘 꼬집는 아빠가 있다. 아들의 작은 실수에도 화를 내며 혼낸다. 심지어 체벌을 하기도 한다. 아들은 아빠가 무섭다. 뭘 하든지 제대로 집중할 수가 없다. 주의를 기울여 주변을 살피거나, 자기 일을 완수하는데 미숙한 모습을 보인다. 그도 그럴 것이 공포를 피하는 데 에너지를 다 쏟다 보니, 정작 자신에게 집중해 에너지를 써야 할 때는 이미 바닥이다. 아들은 매주 나에게 와서 딱지 접기, 딱지치기를 통해 자신이 잘하는 것을 보여주고 싶어 한다. 뭐 하나라도 그저 제발 인정받고 싶은 듯 간절하다. 아빠에게 인정받지 못한 부분을 메우기라도 하듯 간절하다 못해 애절하다.

그런 오빠와 늘 갈등과 싸움을 일으키지만 많은 시간 함께하는 여동생이 있다. 그림을 그린다. 때로는 그림이 수많은 말보다 정확히 마음을 표현하는 때도 많다. 가족을 그리면서 아빠를 그림의 제일 하단에 아주 작게 그린다. 그림 속에 있는 아빠에 대해 전혀 언급하

157

지 않는다. 아빠는 낙동강 오리알 신세다. 그런 딸에 대한 아빠의 생각은 이렇다. "내가 아들은 가끔 때리고 욕도 하지만 딸은 때리지도 화를 내지도 않아서 아마 나를 좋아할 거예요." 그런데 내가 본 그림에서 아빠를 향한 딸의 마음은 그렇게 느껴지지 않았다.

만약에 딸이 아빠가 하는 말을 들었다면 속으로 분명 이렇게 말했을 거라 확신한다. '아빠는 내가 아빠를 아주 좋아하는 줄 아나 봐!' 그리고 그 뒤로 또 다른 말들을 쏟아 내지 않았을까! '사실은 오빠를 때릴 때 나도 맞는 것 같았는데!', '오빠에게 화낼 때 나도 엄청 무서웠는데!', '오빠가 울 때 나도 울었는데!'

우리 한번 생각해 보자! 주사를 맞으며 아파 울고 있는 아이가 있다. 주사 맞으며 우는 아이를 보는 아이가 옆에 있다. 아마도 옆에 있는 아이는 이미 주사를 맞는 고통에 함께 참여하고 있을 것이다. 직접 주사를 맞은 것은 아니니까 주삿바늘이 살을 뚫고 오는 신체적 아픔은 느끼지 않을 수 있다. 하지만 우리의 뇌와 신체 심리적 반응이 그렇게 덤덤할 수 있을까? 아마도 정서적 고통은 이미 온몸과 마음을 파고들고 있을지 모른다. 때론 상상이 더 몸서리치게 사실적일 수도 있다.

이 남매는 싸우기도 하고, 고집부리기도 하지만 서로에게 절대적이다. 힘든 마음에서 터져 나오는 불만과 분노와 고통을 서로에게 쏟기도 하지만 그래도 함께 있다는 것으로 서로 의지가 되고 혼자가 아니라는 위안이 크다. '나만 아니면 돼.', '내가 아니라서 다행이야.'라고 할 수 없는 공감적 연결이 있다. 오빠는 아빠에게 계속 혼나면서 부정적 피드백을 받는다. 여동생은 반면에 아빠에게 순응하면서 긍정적 피드백을 받는다. 그러나 둘 다 힘들어한다. '나는 언제쯤 좋은 소리를 들어 보나?', '나도 잘못해서 저렇게 혼나면 어쩌나?' 둘 다 아빠의 기분과 판단에 붙들려 떨기는 마찬가지다. 그런 아빠가 좋을 리 없다.

한 아이에게는 눈에서 꿀이 떨어지듯 애정적 흥분을 일으키고 한 아이에게는 눈에서 레이저가 나가듯 애정적 거부를 발사한다. 인정과 애정에 목말라 매달리고 폭발하든지 끊어질라 매달리고 숨죽이든지 모두가 자신의 에너지를 자기 생각과 감정과 행동을 발달시키고 확장하는 데 쓸 수 없다. 오로지 부모의 애정에 붙들려 목마름과 허기짐의 포로가 된 듯 간절하고 애절하게 붙들리게 된다. 아빠든 엄마든 그렇게 심리적 포로가 되면 아이는 독립과 자율의 자가발전을 하기가 어려워진다. 언제 인정받을 수 있을까? 언제 애정이 끊어질까? 노심초사 눈치 보는 마음이 편하고 좋을 수 없다. 그런 느낌을 주는 아빠가 좋을 리 없다.

아이들이 잘하고 잘못한 결과를 기준으로 부모가 애정을 주거나 거부를 하는 것이 아니다. 부모의 마음이 이미 좋거나 나쁜 생각과 감정으로 나누어져 있고 그 마음의 한 부분으로 각각 관계하는 것이다. 부모의 마음이 그렇게 결정하고 선택해서 바라보고 피드백한다. '예쁜 아이는 예쁜 짓만 하고 미운 놈은 혼나고 맞을 짓만 한다.'라고 느낀다. 미성숙한 부모의 마음은 이렇게 흑백으로 나뉘듯 이분법적 사고와 감정, 태도를 가지고 아이를 대한다. 시시각각 어떻게 해도 갈라지는 비일관적인 부모의 마음을 아이들이 종잡을 길이 없다. 혼란하고 불안한 마음이 좋을 리 없고 그런 느낌을 전하는 아빠가 좋을 수 있을까? '아빠는 내가 아빠를 아주 좋아하는 줄 아나 봐!' 그렇다. 착각이다.

착각이지만 실재 같은 '분열'에 대해 잠시 생각해 보자. 사람들은 좋은 느낌의 마음 상태와 나쁜 느낌의 마음 상태를 같이 가지고 있기가 힘들다. 특히나 나쁜 느낌이 많을수록 좋은 느낌을 지키고 유지하기도 힘들다. 나쁜 느낌이 크면 마음 전체를 금세 휘어잡고 그나마 아주 조금의 좋은 느낌마저 없앨 것 같이 불안하다. 그래서 불편하고 불안정하고 혼란한 두 마음의 상태를 같이 놓고 힘들어하지 않도록 각각 나눈다.

어떤 생각과 느낌이 모이면 거기에 '나'도 있다. 내가 그런 생각을 하고 느끼고 있다. 그런 생각과 느낌은 나의 것이고 나의 것은 곧 '나'다. 이 손은 내 것이고, 이 몸은 내 것이고, 이 손과 몸은 곧 '나'의 반영이고, 나에게 속한 '나'이다. 그렇게 각각 나누어진 마음과 '나'는 한 짝을 이루고, 한순간에 지배적인 하나의 '나'로만 존재한다. 한쪽 눈은 울고 한쪽 눈은 웃을 수 없다. 양가적인 감정을 느낄 수 있는 것은 어느 정도 성숙하고 통합적인 마음에서나 가능한 것이다.

일관되고 안정적인 상태를 유지해야 하는 마음의 속성상 나쁜 느낌의 '나' 상태와 좋은 느낌의 '나' 상태를 나눠서 정리하고, 나눠서 처리하면서 한순간 '좋을 때만의 나' 어느 한순간 '나쁠 때만의 나'로 존재하게 한다. 동시에 존재할 수는 없다. '나'는 하나여야 한다. 대통령이 둘이면 나라가 어디로 가겠나? 그렇게 각각 나누어 처리하면서 한순간 하나의 '나'만 출현해서 마음과 일상을 안정시키려는 무의식적 심리 작용이다. 각각 다른 둘은 동시에 한순간 같이 있을 수 없고 서로는 각각 어떤 소통도 어떤 피드백도 대화도 서로 관여도 하지 못한다. 심리적 차원에서 그렇다. 마음에서 그런 현상이 일어난다.

아들을 비난하며 욕하는 아빠 상태에서는 딸을 칭찬하고 바라보는 아빠는 없다. 딸을 보며 미소 짓는 아빠 상태에서는 아들을 향해 욕하던 아빠는 없다. 각각 다른 아빠들은 각각 현재의 지배적인 '나'로 존재한다. 둘은 만나지 못한다. 서로 침범하지 못한다. 관여할 수 없다. 정권이 바뀌면 정책이 달라지는데 아빠는 어느 순간이든 늘 정권을 가지고 있다. 다른 정권이 들어서고 다른 정책이 펼쳐지고 있다는 것은 오직 아이들만 알고 있다. 다른 두 대통령이 같은 얼굴을 하고 있다. 같은 얼굴인데 다른 정권에 다른 정책을 펴는 다른 대통령이다. 거울 앞에 서 있는 대통령은 자신의 얼굴이 같다는 것만 알고 있지 다른 정치를 하는 것은 모른다. '분열'이 무서운 이유다.

캡슐로 된 약이 있다. 캡슐은 가운데를 중심으로 한 쪽은 빨간색, 한쪽은 노란색으로 나뉘어 있다. 옆에서 보면 위아래로 색이 나뉘어 있는 것을 볼 수 있지만 빨간색 쪽을 눈앞으로 놓고 보면 뒤에 노란색은 보이지 않는다. 반대로 노란색을 정면에 놓고 빨간색은 보이지 않는다. 캡슐 약을 흔들어서 소리를 들려주고 노란색 쪽을 보여 주면 전부 노란색 과립이 들어 있다고 생각한다. 빨간색을 정면으로 보여 주면 빨간색 전부 과립이 들어 있다고 생각한다. 아이들에게 노란색, 빨간색을 모두 보여 주면 노란색에는 노란색 과립이, 빨간색 쪽에는 빨간색 과립이 들어 있다고 생각한다. 하지만 어느 정도 커서 통합 능력을 지니고 있는 아이들은 흔들어 보면 빨간색과 노란색이 섞여 있다는 사실을 안다. 많이 경험하고 다 알게 되면 겉으로 보이는 것처럼 한 가지만 있거나, 반으로 나뉘어 있는 게 아니라, 빨간 것도 있고, 노란 것도 있고 둘이 섞여 있는 그런 하나의 감기약이라는 것을 안다.

분열은 전체를 보는 능력을 떨어뜨린다. 분열은 코앞에서 일어나는 일만 보게 한다. 죽느냐! 사느냐! 분열은 진짜 감사한 일을 보고

도 감사를 못 느끼게 한다. 사느냐 죽느냐 욕망과 두려움에만 집중하며 전체 그림을 보고 그릴 수 있는 능력을 떨어뜨린다.

아이들을 향한 부모의 분열은 아이를 산만하게 하고, 자기 물건을 지겹도록 잃어버리게 하고, 자신이 해야 할 일을 세월아 네월아 느리게 버티고 망치게 한다. 스스로 알아서 하는 자발성과는 거리가 먼 아이로 멈추게 한다. 아이들에게 잔소리하기 전에 부모인 우리가 첫째와 둘째, 딸과 아들을 다르게 대하는 분열을 하고 있지 않은지 돌아볼 필요가 있다. 어떤 사람이든 좋은 게 있으면 부족한 점도 있기 마련이다. 장점이 있으면 단점도 있다. 장점이 단점이 되기도 하고 단점이 장점이 되기도 한다. 극단적 좋음에 대한 욕망도 극단적 나쁨에 대한 두려움도 마음의 작용에서 일어나는 현상이고 실체가 아닌 환상일 수 있다. 현실적으로나, 입체적으로 통합해서 보아야 한다. 자동으로 작동하는 무의식적 분열 속에서 아이들을 양육하는 '나'의 모습은 어떤 게 있을지 돌아볼 일이다.

분열하지 말자. 분열은 우리의 생각과 손발을 마비시킨다. 시야와 사고가 좁아진다. 마음이 닫히고 굳어지게 한다. 충동적이고 막다르게 한다. 치우치게 한다. 편견과 독선을 만든다. 편애와 차별을 낳는다. 분열해서 치우친 자신만의 착각의 세계에서 웃고 있을 게 아니다. 내 아이가 이런 아빠를, 이런 부모를, 이런 나를 정말 좋아할까? 다시 물어보자! 아이들에게 좋은 모습도 안 좋은 모습도 보였지만 그래도 전체적으로 좋은 모습이 더 많고, 그런 아빠를 좋아하고, 그런 통합된 내가 느껴진다면 다행이다.

통합된 모습이 아니라 분열된 나의 모습이 더 많지는 않나 생각해 보아야 한다. 거울 뒤에 마음의 얼굴을 볼 줄 아는 눈이 열리지 않으면 쉽지 않지만 그래도 분열된 나를 찾아 한 땀 한 땀 조각조각 온전한 나를 모으는 데 더 힘써야 할 일이다.

아저씨 잘못했어요

"산중호걸이라 하는 호랑님의 생일날이 되어~"동요가 떠오르는 아이들이 있다. 이름 뒤에 각각 '~영, ~웅, ~호, ~걸'이라는 글자를 붙인 남자 형제가 네 명인 다둥들이다. 막내 여동생이 있다. 그야말로 '독수리 5형제'다. 탄생의 순간부터 놀라움과 어려움은 동전의 양면처럼 아이들 성장 과정 내내 이어졌다. 벌써 중학생으로 접어들 만큼 성장했으니 하루하루 그 사연을 말로 글로 어찌 다 담을 수 있을까?

수많은 사연 가운데 아빠와 첫째 아이의 웃지 못할 사연 하나를 소개해 본다. 다섯 살이 된 네쌍둥이 남자 형제들! 아이들이 활달함을 넘어서 엄청난 에너지를 뿜어댈 시기의 일이다. 자동차가 작은 것도 아닌데 활달한 네 명의 남자아이들이 함께 타기에는 비좁은 느낌이 든다. 비좁은 차 안에서 이런저런 주제도 많고, 요구도 많고, 불평도 많고, 시비도 많고, 그냥 다 많고 시끄럽다. 원칙적이지만 수용적인 아빠와 아이들은 늘 시시비비를 가리는 일에 전력 질주하

곤 한다. 세상만사가 어디 정해신 원칙과 기준대로만 되겠는가. 매번 잘 동의되고 합의되겠는가. 이 집도 마찬가지다. 네 명의 형제들과 중재해야 하는 아빠 사이에 갈등과 긴장, 다툼과 화해는 다반사다. 원칙을 중시하는 아빠가 성격이 다른 네 명의 아이들이 다 동의할 만한 원칙을 제시하기도 어렵고, 아이들이 모두 합의하고 동의해서 한 가지 원칙을 세우는 일도 쉽지 않다. 그야말로 이상이고 몽상이다. 그렇다고 상황마다 중구난방 각자 아이들 욕구와 기분대로 방치할 수도 없는 노릇이다.

오늘도 아빠는 최선을 다해, 중재하고 가르치려고 타일러도 보고, 회유도 하고, 제안도 해 보지만 통하지 않는다. 섬세하고 머리 회전이 빠르며 말을 잘하는 첫째 영이가 자동차 안에서 다른 형제들을 주도하며 아빠와 논쟁이 벌어졌다. 좀처럼 화내지 않는 수용적인 아빠도 때론 화가 난다. 그래도 수용적인 아빠이기에 화가 나도 아이들은 편하게 대할 수 있다. 그런데 아빠가 갑자기 말이 없어지면서 분위기가 심상치 않게 흐른다. 아빠가 진짜 화가 난 거다. 같은 말을 여러 차례 반복하며 친절하게 끝까지 설명하던 아빠! 이런저런 회유도, 협박도, 설득도 다 통하지 않는다. 어떻게 아빠에게 이럴 수 있나? 그리고는 첫째 영이에게 한마디 던진다.

"됐어. 그만해.
너 이제부터 아빠라고 하지 마!"

아빠가 먼저 아빠 사직서를 던진다. 아빠와의 관계에서 이런 상황은 심각한 상황임을 알아차린 영이는 다급하게 머리를 굴린다. 너무 심했다. 아빠에게 잘못했다고 느낀다. 아빠 말을 들었어야 했는데, 어떻게 아빠에게 사과를 해야 하나? 그렇다고 아빠라고 하지 말라니! 어쩌나? 아빠의 엄포에 충실한 실행력과 응용력 담아서 아빠에게 한마디 건넨다.

"아저씨 잘못했어요."

웃음이 나왔을까? 가슴이 내려앉았을까? 아마도 허탈한 웃음이 나왔을 법하다. '내가 너의 이름을 불러 주었을 때 너는 내게로 와서 꽃이 되었다.' 좋아하는 시 구절이다. 그렇게 누군가에게 의미 있게 불려지는 이름, 그 이름값은 중요하다. 그렇게 상대를 통해 내가 누군가로 불려지는 이름이 된다. 역할이 이름이 되기도 하고, 존재가 이름이 되기도 한다. 이름이 의미가 되고, 의미가 대상이 되기도 한다. 자녀를 통해 부여받은 역할과 의미! 자녀가 있어서 존재하고 새겨지는 이름! 엄마, 아빠, 부모가 그것이다. 다섯 살 어린아이의 눈망울에 아빠를 속상하게 한 자신의 모습을 보았을 때, 아빠를 아저씨로 부르라는 명령이 있다. 명령에 순응하고 잠시 아빠를 잃는다. "아저씨 잘못했어요." 허탈한 웃음이 아니라, 가슴이 내려앉는 느낌이 있을 수도 있다. 큰일 날 일이다.

"저리 가."

"엄마라고 부르지 마."

"엄마 안 해. 이제."

한 번쯤 들어봤을 수 있다. 좁은 차 안에서 아이다운 산만함과 부산함으로 아빠의 간곡함을 외면했다. 아이는 수시로 그렇다. 부모의 말과 노력과 진심을 외면하는 듯하다. 무시하는 듯하다. 부모의 말을 못 들은 체하면서 외면하는 듯, 무시하는 듯하기도 하고, 반대하고 말대꾸하고 논쟁하며 부모의 의지를 좌절시킨다. 그러나, 그것이 아이의 의도와 의지라고 읽으면 안 된다. 일부러 반항하고 거역하는 것으로 보면 안 된다. 설령 그런 지경까지 갔다고 하더라도 그 반의 책임은 부모에게 있다. 책임을 나누자는 것이 아니다. 아무리 그래도 아빠는 아빠고, 엄마는 엄마다. 잘잘못 이전에 존재는 변함없고 확고하다. 관계는 영원하고 항구적이다. 어떤 상황, 어떤 일이 있던지, 하늘이 무너지고 땅이 꺼져도 엄마와 아빠는 여기 있고, 늘 언제나 여전히 엄마고 아빠이다. 절대로 아저씨가, 아줌마가 될 수 없다. 아이에게 엄마, 아빠를 잃는 느낌을 주지 말아야 한다. 아이를 버리지 말아야 한다. 엄마, 아빠는 아이의 영원한 사랑의 꽃이다. 사랑 그 자체이다. 존재 그 자체다. 엄마가 없으면 아이도 없다. 엄마가 없어지면 아이도 없어진다. 아이가 처음 '엄마', '아빠'를 불렀을 때를 기억하는가? 그때의 느낌을 기억하는가?

아기야!

6학년이 되어서야 처음 자전거를 탄다. 자전거를 타는 것은 내가 처음으로 내 다리가 아닌 것을 통제하고 조정해서 내가 원하는 가고 싶은 곳으로 갈 수 있게 되는 것이다. 자율성이 더 확장되는 경험이다. 아이에게 느낌을 물으니 하늘을 나는 것 같다 한다. 그동안 기회가 있었을 텐데 왜 6학년이 되어서야 하늘을 나는 느낌을 처음 느껴야 했을까?

처음 이 아이를 만났을 때 엄마는 말을 할 때마다 "우리 애기가." 로 말문을 열었다. 처음에는 따라온 동생이 있나 두리번거렸다. 몇 마디를 더 오가고 나서야 늦은 나이에 외동아들을 키우면서 '애기'라는 표현을 계속 사용하고 있다는 것을 알게 되었다. 입에 버릇처럼 붙어서 자동으로 나오는 것이다.

자연스럽게 6학년이 된 조카가 떠오른다. 만 36개월을 지나가게 되었을 때 "내가! 내가!"를 외치며 자신의 손발의 능력을 실험하고 '나', '내 것', '내가'를 인식하고 주장했다. 자신의 정체와 능력을 결합하며 '내가 뭐든지 할 수 있을 것 같은' 느낌을 유지하려 노력했고, 그런 상태를 확장하고 있었다. '정체성, 독립성, 자율성' 같은 말들로 표현할 수 있는 마음의 발달이 진행되고 있었다.

그런 시기를 맞춰 부모는 어리고, 여려 보이는 아이지만 부부의 공간에서 방을 분리하고 성장을 축하했다. 아이도 자신의 방을 꾸미고 좋아하며 자신의 몸에서 자신의 방으로 자기감을 확장했다.

어느 날 열 감기에 심하게 걸린 조카는 시름시름 힘이 없었는데 정신을 못 차릴 정도였다. 해열제를 먹이고 열이 조금씩 내려가기는 했지만 그래도 안심할 수는 없었다. 걱정이 된 부모는 그날만큼은 엄마, 아빠 옆에 아이 이부자리를 펴고 아이를 뉘었다 한다. 그러던 중에 아이가 정신을 차리면서 입을 뗀 첫 마디가 "내 방! 나! 내 방에서 잘래!"였다.

아이는 부모라는 안전한 울타리에서 돌봄을 받고 부모와 일상에서 마음을 소통하며 안정감을 경험한다. 아이는 자신의 성장을 스스로 추구하는 자율성이 극대화되는 시기로 나아간다. 그 과정에서 의존하던 '애기'가 아니라 스스로 해내는 '나'를 더 만나고 싶어하면서 '애기'라는 말과 멀어진다. 조카는 건강하고 야무지게 그 시기를 잘 지냈던 것으로 기억한다.

아이들에게는 그런 욕구가 있다. 안전기지를 가까이에 두고 모험해 보고 싶은 욕구! 진짜 내가 할 수 있나 시험해 보고 싶은 욕구! 내 결정과 고집이 어떤 결과를 낳는지 알고 싶은 욕구! 자율성과 독립을 향해 스스로 해내는 맛을 느끼고 싶은 욕구!

아이들은 그렇게 스스로 해내는 자부심과 자유를 느끼고 무엇이든지 더 해 보고 해내고 싶은 마음과 그것을 성취하는 기쁨과 희열을 느끼고 싶은 욕구가 커질 때가 온다. 그렇게 마음이 커지고 능력이 자라고 거기에 다른 이들과 함께 어울려 더 큰 재미를 경험하면 인생이 즐겁고 신나게 된다. 세상이 아름답고 신비하게 된다.

자신과 타인과 어울려 끝없이 사랑을 확장하는 것이야말로 중요한 인생의 과제다. 사람에게는 그런 욕구가 있다. 성장하고 어른이 되는! 그래서 돌봄을 받는 것보다 돌보는 재미와 기쁨과 보람을 알아가는! 받는 것도 좋은데 줄 수도 있는! 그런 내가 되고 싶어 한다.

젖병과 기저귀를 뗀 지가 한참을 지나 걷고 뛰고 학교에 들어가 중학생이 코앞이다. 그래도 부모 눈에는 늘 귀엽고 사랑스러운 '애기'다. 마음은 이해한다. 호칭은 아니다. 어디 호칭뿐이겠는가? 자녀를 대하는 부모의 시각이 '애기'에 머물면 대하는 태도와 자세와 양육적 방식이 '애기'를 벗어나기 어렵다. 자녀를 바라보는 부모의 마음의 나이가 '애기'면 자녀가 성장하기 어렵다. 부모의 눈먼 사랑이 자녀의 발달과 성장을 가로막고 서 있는 것이다. "넌 언제까지나 애기로 있어야 해."라는 말을 계속 듣는 것이다.

엄마가 아이를 '애기'라고 부르면, 아이는 엄마 앞에서 계속 아기가 된다. 엄마가 아이를 '애기'처럼 대하면, 나는 엄마 앞에서 계속 아기로 산다. 엄마가 아이를 '애기'로만 대하면, 아이는 엄마 앞에서 항상 아기 짓을 한다.

'아기'라는 호칭은 몇 개월, 혹은 몇 살까지가 정당할까? 고민하지 말고 이름을 불러 주자! 일단 '아기'는 마음으로만 놔두고 호칭은 이름으로 하자! 얼마나 고민하고, 정성껏 지어 준 이름인가! 우리 아이들에게 부드럽고 따뜻하게 이름을 불러 주자. 좋은 의미 가득 담은, 아름다운 이름을 말이다.

종종 놀이터나 아이들의 모임에서 보면 "너 몇 살이야?", "너 몇 학년이야?" 아이들끼리 묻고 답한다. "내가 형이네." 하며 서열을 정리하는 모습을 볼 수 있다. 내가 얼마나 자랐는지, 얼마큼 되는지, 그렇게 자라면 뭘 해야 하는지, 해내야 하는지 배우고 알고 따라하고 받아들인다. 형과 동생의 서열이 정리되면 능력과 정체성도 정리된다. 발달은 서열과 위계가 있고 위에 서열과 능력은 아래의 것보다 월등하고 좋다. 아이들도 자라면서 배우고 안다. 내가 더 능력 있고 좋은 사람으로 더 발달하고 성장하기를 원하며 점검한다. 현실적으로 위계의 기준에 따른 능력과 느낌이 있다.

1학년 동생은 6학년 형들이 부럽고 멋있다. 대단하다. 나도 그렇게 되고 싶다. 공도 잘 차고 달리기도 잘하고 키도 크고 힘도 세다. 나도 그렇게 되고 싶고 그걸 느끼고 싶다. 현실의 능력과 느낌의 차이가 나면 속상하고 창피하다. 3학년인데 코를 흘리면 아이들이 이상하게 쳐다본다. 내가 얼마나 자랐는지 그에 맞는 인정과 존중을 받는지가 중요하다. 인정받고 존중받지 못하면 창피하고 속상하고 화가 난다. 그래서 노력하고 도전하고 성취하면서 발달하고 성장한다. 나이에 걸맞은 발달과 성장과 능력은 스스로, 서로 보고 배우고 인정하며 나아간다. 그런 인정과 존중은 우선 엄마에게서 받는 게 최고다. 나중에는 친구나 선생님이 된다. 온전히 독립하기 전까지는 엄마에게서 출발하고 엄마에게 도착한다. 엄마에게 아기에서, 아동으로, 아동에서 청소년으로, 호칭과 느낌이 달라져야 하는 골든타임을 놓친다면 우리 아이도 화가 난다. 하지만 엄마라서 속으로만 화를 낸다. '뭐야! 난 아직도 애기야!', '엄마 도움 없이 못할 만큼 약해? 엄마에게 좋은 것을 줄 수 없을 만큼 부족해?'

이제 캥거루맘에서 벗어나야 한다. 엄마 품 안에 넣고, 엄마 눈을 통해 세상을 경험하게 하는 캥거루맘이 아닌 적당한 햇빛과 바람을 같이 맞이할 수 있는 아름드리 건강한 두 그루의 나무여야 한다. 아이를 아기로 대하고 부르는 시기는 24개월 전 후면 충분하다. 내 아이의 이름 대신 '애기'라는 호칭을 즐겨 사용한다면 주의하자! 캥거루맘이 될 가능성이 아주 높다는 증거니 말이다.

'자율성을 경험하면 하늘을 나는 기분이다.'
'자율성을 경험하면 내 삶의 주인공이 된 기분이다.'

'자율성을 획득하면 다양한 감정을 느끼게 된다.'

자녀를 키우는 데 이런 목적이어도 좋지 않을까?

6 양육, 훈육, 교육의 조화

많은 엄마들이 태어난 아이를 보고 경이로움을 표현한다. '건강하게만 자라다오.' 그저 태어난 모습 그대로 생명과 존재 그 자체에 감탄하며 환호한다. 그러나, 아이가 점점 자라서 자신을 주장하고, 자신을 찾아 떠나는 여행이 시작되면 힘들어 하기 시작한다.

"내가 할 거야. 내 맘이야."
"엄마 싫어, 아빠 미워."
"엄마는 알지도 못 하면서."

아이들이 말들을 쏟아 내기 시작하면 감탄과 환호는 한숨과 탄식으로 경이로움은 경악으로 바뀌게 된다. 무엇을 놓친 것일까? 답답해한다. 게다가 공부, 학습, 교육이 등장하면서부터는 아이와 엄마가 더 힘들어진다.

왼손을 주로 사용하는 7살 아이는 이제 막 글자를 배우기 시작했다. 왼손으로 쓰는 글씨가 맘에 들지 않는 엄마는 가까이 붙어 앉아서 똑바로 다시 쓰기를 계속 요청한다. 다시 쓰기 요청은 50분을 꼬박 채운다. 엄마가 정한 규칙이다. 붓으로 그림을 그린다. 그림을 그리며 붓을 흔들어 댄다. 물감 방울이 이리저리 튀어 도화지 여기저기에 묻고 상 위에도 떨어진다. "엄마는 너의 그런 행동 때문에 화가 나."

 간식으로 삶은 달걀을 내놓는다. 달걀 껍데기를 직접 까 보고 싶다는 아들의 요청을 들어준다. 아이는 삶은 달걀 껍데기를 까는 데 그치지 않고 껍질을 이용해서 알까기 놀이를 진행한다. 엄마는 못마땅하다. "집에서 교육시키는 것을 하지 말아야 할까요?" 엄마가 하소연한다.

 저녁이 되고, 잠이 든 아들을 보면 죄책감이 밀려온다. 혼내지 말걸. 기분 좋게 해 줄 걸. 엄마들은 이 시간이 되어야만 감성이 살아난다. 이미 내 안에 있는 부드러움이 시차적응을 못 하고 꼭 그때 살아난다. 아이에게 전달되지 않는 그 밤 시간을 타고 말이다. 엄마는 고백한다. 아들의 행동이 마음에 들지 않는 거라고. 나와는 너무 다른 아이를 이해하기가 힘들다고. 몇 백번씩 말하고 아무리 교육을 해도 달라지지 않으니 지친다고.

 그런데 이 아들과 엄마는 달라도 너무 다르다. 엄마는 궁금해도 일단 참고, 원리를 이해할 때까지 견딜 수 있다. 아들은 궁금한 건

바로 실험해 보고 도전해 보고 답을 찾아야 한다. 엄마는 한 가지 생각이 나무의 수관처럼 깊은 맥락을 갖고 내려간다. 아들은 수십 가지의 생각이 나뭇가지처럼 여기저기로 맥락 없이 뻗어 올라간다. 엄마는 어떤 과제를 할 때 한 번에 한 가지만 몰입해서 완성한다. 아들은 과제를 하면서 동시에 TV 보는 것도, 먹는 것도, 동생과 장난도, 할머니랑 통화도 할 수 있다. 엄마는 정적으로 앉아서 책 보고, 그림 그리는 활동이 좋다. 아들은 잠시라도 가만히 있으면 몸에 쥐가 난다.

이렇게 다른 아이를 키우는 엄마는 얼마나 힘이 들까? 활달하고 사방으로 튀는 아들을 담기에 엄마가 얼마나 버거울까? 하지만 아들이 엄마를 담고 품을 수는 없는 노릇이 아닌가! 엄마가 자신과는 다른 아들에 대한 이해를 높이고 담을 수 있는 품을 넓혀야 한다.

아이를 낳고 기르는 과정에서 아이는 날마다 자란다. 사람은 평생 자란다. 몸으로 마음으로 머리로 날마다 배우고 성장하고 성숙해 간다. 자라는 과정에서 생애 초기는 평생의 성장에 중요한 기초가 되고 결정적 영향을 미칠 가능성이 높다. 자라나는 과정과 방향과 수준은 아이마다 속도도 수준도 다르겠지만 영유아기 엄마와의 관계는 절대적일 만큼 강력하다.

영유아기에 아이가 자라는 과정 앞에 무엇을 붙이는지에 따라 강조점과 특징이 조금씩 다르다. 전체 과정은 함께 가지만 굳이 세분하면 '양육', '훈육', '교육'으로 나누어 볼 수 있다. 생의 초기에서부터 두 돌이 될 즈음까지는 '양육'이 대세다. 잘 먹이고, 씻기고, 입히고, 잘 돌보며 몸과 맘으로 함께 가까이 있어 주어야 한다. 양육은 충분히 만족스러운 돌봄과 관계적 신뢰와 부드러운 애착의 안정이 중요하다. 일관되게 담아 주는 엄마의 부드럽고 넓은 품이 필요하다.

두 돌을 지나며 서 너 살을 지나는 과정에서는 '훈육'이 강조된다. 물론 충분히 만족스러운 양육을 전제하고 포함하고 나아가야 한다. 훈육은 규칙과 약속, 윤리와 사회성의 주제가 따라온다. 부드러움과 단호함이 동시에 요구되며 적절하게 배합되어야 한다. 무섭지 않아야 하고 일관성이 중요하다.

학교를 들어가기 한두 해 전부터 공부의 관심이 높아지며 교육이 따라온다. 사실 엄마와 충분히 만족스러운 관계의 품을 경험하고 엄마의 품을 오가며 커져 가는 자율성을 충분히 실험한 아이는 세상과 사귀며 상상력과 호기심, 모험심이 크게 자란다. 그런 아이는 자연스럽게 공부의 세계, 교육의 장으로 들어간다. 놀 때만큼 아주 재밌고 신나지는 않겠지만 아주 싫거나 힘들지 않을 수 있다.

양육과 훈육, 교육은 아이가 자라는 과정에서의 과제로 간단하게 다시 풀어 볼 수 있다. 아이는 '하고 싶은 것과 하기 싫은 것'을 구분하고 그 느낌을 알아야 한다. 그다음 '할 수 있는 것과 할 수 없는 것'도 인정하고 받아들여야 한다. 더 나아가 '해야 하는 것과 하면 안 되는 것'의 이유와 결과도 알 수 있어야 한다. 이런 것들을 일상에서 느끼고 이해하고 구분하는 능력이 자라날수록, 또 그것을 성취하고 만족하는 경험이 많을수록 아이의 자라나는 과정은 자연스럽게 발달과 성장으로 나아간다. 그렇게 점점 자랄수록 자율성이 높아지고 책임이 커지면서 만족과 성취에 따라 다양한 기술이 발휘되고 자존감, 자기 효능감이 높아진다.

어떻게 하는 것이 맞을까? 매뉴얼과 정답이 있으면 좋겠지만 사실 똑 떨어지지 않는다. 아이의 기질에 따라, 부모의 성격적 특징에 따라, 관계적 양태의 특징에 따라 다르게 펼쳐진다. 양육, 훈육, 교육의 방법은 가정마다 다르다. 어느 것이 더 적절하고 좋은 것인지 큰 틀에서는 합의되거나 공유될 수 있는 것을 찾을 수 있겠지만 딱 아이에게 맞는, 부모에게 맞는, 서로에게 맞는 것은 다 다르다. 우선은 다른 것을 구분하고 찾는 것, 이해하는 것이 출발이라 할 것이다.

그렇게 나에게 맞는 것을 찾아가는 과정이 더 중요하다. 정답이 따로 있기보다는 찾아가고 만들어 가는 것이다. 하지만 그 과정에서 오답은 피해야 한다. 양육은 사육이 되지 않아야 하고, 훈육은 너무 무섭지 않아야 하고, 교육은 너무 가혹하지 않아야 한다. 책상에 앉아서, 실수를 할 때마다 교육이라는 명목하에 혼내고, 다그치고, 수정을 강조하는 교육은 이미 교육으로서 힘을 잃는다.

양육 과정에서 충분히 좋은 느낌이 부족한 아이들은 부모의 훈육이 들리지 않는다. 이미 나를 통제하거나, 못 하게 하려는 영역을 넓히려는 시도로 이해한다. 훈육을 받아들이는 게 어려운 아이들은 교육의 효과가 없다. 우리의 뇌는 비슷한 것을 모아서 일치시키고 이것을 같은 것이라고 빠르게 처리하며 한 번 정리된 것을 지속하는 항상성을 갖는다. 뇌의 일치성과 항상성은 양육 과정에서 강하게 작용한다. 부드럽고 좋은 양육 경험이 많지 않으면 그때의 부정적 기억이 이후 과정에 반영된다. 이어지는 훈육과 교육을 침범과 통제, 제재와 같은 좋지 않은 느낌과 일치시켜 부정적 확신을 가지고 거부한다. 그래서 똑같은 교육 앞에, 반복해서 무너지는 교육을 경험한다.

집이 부실 공사가 되었다면 바닥 기초 공사부터 점검해야 한다. 갑자기 지붕 공사를 먼저 하기는 무리지 않은가? 양육에 대한 좋은 느낌이 부족했다면, 아이가 몇 살이든, 아이의 욕구와 필요에 맞는 양육을 다시 시작해야 한다. 양육이 탄탄해야 훈육을 지렛대로 사용해서 교육의 완성을 이룰 수 있다. 덮어 놓고 하는 교육은 아이와 세상의 소통을 막는다. 부모 자신의 기준과 다르고, 따라 주지 않아 힘들어하고 불만스러워하는 훈육은 아이의 창조성을 앗아 간다.

남들 다 쓰는 오른손 대신, 왼손의 사용 능력이 높은 것이 얼마나 탁월한가! 그림을 그리면서 붓을 흔드는 아이에게 "그렇게 하면 여러 개의 물방울이 생기는 걸 어떻게 알았지?" 하고 인정을 해 보면 어떨까! "하지 마. 그러려면 그림 그리지 마."라는 훈육 대신 "거기 말고 여기에는 붓으로 흔드는 걸 할 수 있어!"라고 대안을 제시해서 펼치도록 하면 아이의 창조성이 확장된다. 달걀 껍데기를 알까기로 응용한 아이와 즐거운 알까기 놀이를 진행해 본다면 엉뚱하고 쓸데 없다고 여기던 일이 놀이의 기쁨으로 이어져서 어떤 교육도 성공시킬 수 있다.

자녀를 이해하기 위한 배움이 엄마에게도 필요하다. 엄마와 아빠는 자녀를 얼마나 깊이 이해하고 있을까? 자신과 다름을 어떻게 이해하고 받아들이고 있을까? 다른 것이 틀린 것이 아닌데도 다름을 인정하거나 받아들이지 못하는 것은 아닐까? 나와 달라서 무조건 힘든 느낌 말고, 나와 다른 부분이 있어서 감사하고 좋은 부분을 찾아보자! 어쩌면 자녀들은 우리에게 다름의 아름다움을 선물하는 건지도 모른다.

엄마 거
아니잖아!

4살 된 경훈이는 엄마 없이 잠을 자지 못한다. 구체적으로 표현하면 엄마의 콧구멍 없이는 못 잔다. 경훈이는 자다가 깨기라도 하면 꼭 엄마의 콧구멍을 찾는다. 손가락을 엄마의 콧구멍에 넣고는 마음이 안정되어 다시 잠들곤 한다. 잠을 자기 위해서나, 자다가 깨서 다시 잠들려면 반드시 엄마의 콧구멍이 필요하다. 경훈이를 재우는 자장가는 노랫소리가 아니라 엄마의 콧구멍이다.

아이가 4살이 될 때까지 외출을 자제하며 양육에 집중하던 엄마는 아주 오랜만에 기다리고 기다리던 친구들과의 저녁 식사 약속에 나갈 계획이다. 저녁 외출이 어려운 엄마는 아이 저녁도 먹이고 씻겨서 재우는 데까지 성공했다. 퇴근한 남편에게 아이 잠자리에서 필요한 정보를 다 전달하고는 집을 나선다.

아이 옆에 누운 남편은 아이와 단둘이 누운 밤이 싫지 않다. 간만의 외출을 기뻐할 아내와 이를 도운 자신을 뿌듯해하며 평화롭게 잠을 청했다. 하지만 감사와 평화의 시간은 그리 길지 않았다. 얼마나

182

지났을까, 아이가 깨서 울기 시작한 것이다. 잠결에 이렇게 저렇게 달래 봐도 아이의 울음은 멈출 기미가 보이지 않는다. 마구 울면서 눈도 뜨지 않고, 얼굴을 때리듯 마구 더듬어댄다. 얼굴을 이리저리 피하며 아이를 달래던 그때, 문득 떠오른 핵심적인 잠자리 지침!

"콧구멍을 아이의 손가락 주변에 대 주라!"

남편은 태연한 척 누워서 얼굴을 더듬는 아이의 손가락에 자신의 콧구멍을 맡긴다. 이내 신기하게도 울음을 멈추고 조용해진다. 코는 막히고 답답했지만, 울음을 그친 게 어딘가 안심하던 그때, 다시 자지러지게 울음이 커진다. 어! 왜지? 당황한 아빠는 코를 다시 대 주었지만, 아이의 울음은 막무가내로 커진다. 허겁지겁 다시 콧구멍을 대 주고 만지고 울고를 반복하던 가운데 아이의 짧은 외침이 들려온다.

"이거 엄마 거 아니잖아!"

콧구멍의 크기, 콧구멍의 냄새, 손가락으로 전해지는 촉감과 촉각은 엄마 콧구멍의 느낌을 정확하게 기억하며 아이의 뇌를 때린다. '이거 엄마 거 아닌데!', '엄마가 없는데!', '이거 엄마가 아니잖아!' 결국 엄마는 친구들과의 수다를 다하지 못하고 돌아올 수밖에 없었다.

아이들은 엄마와의 '링크'가 중요하다. 엄마와 사랑의 마음으로 연결된 느낌, 하나 된 느낌을 걸어 둔 정서적, 심리적 링크가 있다. 그 연결된 느낌의 확신을 두고 싶은 마음에 엄마 신체의 구석구석에 그것을 확인시켜 줄 '링크'를 걸어 둔다. 엄마라는 사랑의 존재를 한 점에 몰아서 압축해 둔다. 거기를 접촉하는 순간 엄마라는 존재의 좋은 느낌이 확장되어 자신을 감싼다. 안전하고 안심되고 안정된다. 어떤 아이는 엄마의 '젖가슴, 코, 콧구멍, 귀, 귓불, 귓구멍, 배, 배꼽, 뱃살, 팔꿈치, 겨드랑이' 등등. 어디에 걸어 둘 것인지는 아이가 결정한다. 엄마와의 연결된 느낌을 걸어 둘 수 있는 링크는 신기하게도 엄마가 고통과 귀찮음을 감수하기 쉽지 않고 또 그런 신체 기관에 걸린다. 자주 링크의 연결이 떨어지기 쉬운 기관이다.

어릴수록 엄마와의 애착은 엄마 신체에 있다. 그래서 부드럽고 따뜻하게 친밀감을 전달하는 신체 접촉이 아이의 안정된 마음과 자기감을 형성하도록 한다. 엄마와의 부드러운 신체 접촉에서 오는 안정된 애착과 그 기억을 유지하며, 이미지로 저장하도록 돕는 것이 중간 대상이다.

중간 대상은 엄마가 옆에 같이 있지 않더라도, 눈앞에 존재하지 않더라도 함께 있는 것 같은 느낌을 훈련하고 연습하고 기억하고 유지할 수 있는 능력을 마음에서 도와준다. 그 마음을 인형에 놓기도 하고 이불에 놓기도 한다. 흔히 말하는 애착 인형이다.

그렇게 필요시에 잠깐씩 사용하며, 스스로 참고 견디는 힘을 기울이며 점차 중간 대상 없이도 나중에는 홀로 엄마와 함께 있는 안정감을 유지하고 자기감을 지속할 수 있는 성장을 이룬다. 그렇게 한 존재로 홀로 자기감을 성취하고 나면 세상과 자신을 사랑과 창조의 관계로 확장할 수 있는 능력을 갖추게 된다.

그런데 아직 마음이 안정되지 않은 발달 단계나 그 과정에 있다면 갑자기 불안이 엄습해 오거나 연결이 끊어진 듯한 두려움이 높아지면, 보이지 않는 끈을 펼쳐서 엄마를 찾고 엄마 신체를 휘감듯 찾는다. 그런 신체 사용이 충분히 하지 않으면 아이들은 마치 자신의 불안을 달래 주고 안아 주고 대신 맡아 달라는 요청, 시위, 외침과 절규를 하듯 주물 대상에 꽂힌다. 주물 대상은 불안에서 안정과 흥분으로 빠르게 이동시키는 기능은 하지만 아이의 마음에 자기감을 안정되게 형성시키지 못하고 소비된다. 그래서 불안이 올 때마다 울고 또 울고, 먹고 또 먹고, 게임하고 또 하고를 반복하게 된다.

아이들의 엄마 신체를 어디까지 언제까지 하게 해야 할까? 힘들고 고통스럽고 걱정된다. 엄마 신체 사용법은 마음에 있다. 마음에 엄마 냄새, 엄마 느낌을 충분히 가득 채우게 되면 아이들은 엄마 신체 사용을 통해 자신 신체 효능감을 배우고 마음에 자기감을 든든하게 만들어 낸다. 아직 엄마의 신체 사용이 다 끝나지 않았다면 엄마

의 몸에 마음을 더해 보자! 마음 없이 신체만 내어주면 계속 고통스
러움이 반복될 수 있다. 마음에서부터 기꺼운 수용을 시작하고 적절
한 제한과 대안으로 건강한 신체 사용법을 알도록 안내하면 된다.
이 투자는 어릴수록 상한가를 칠 가능성이 높다.

엄마 돈 없어!

마트에서도 문방구에서도 아이들의 소비 욕구는 살아난다. 다른 아이들이 갖고 있는 것은 다 갖고 싶다. 텔레비전 광고에 나오는 모든 장난감을 다 갖고 싶다. 이럴 때 아이들의 소비 욕구와 엄마들의 절약 본능이 갈등 국면을 맞이한다.

"엄마! 이거! 사 줘!"
"엄마. 돈. 없어."

생생하게 살아나는 흥분된 느낌표들이 차갑게 죽어 버린 거절의 마침표로 돌아온다. 아이들이 원하는 모든 것을 다 줄 수는 없다. 하지만 자동으로 재생되는 "엄마. 돈. 없어."는 점검해 볼 일이다. 물론 매번 안 된다고 돈 없다고 할 리는 없다. 요구하는 내용에 따라, 원하는 간절함의 정도에 따라, 시기와 상황에 따라 각각 수용의 결과가 달랐을 것이다. 어쩌면 여러 번 반복된 실랑이의 결과일 수도 있겠지만 그래도 다시 시작해야 한다. 중요한 것은 거질하고 좌절을 주는 것보다 들어주고 만족시켜 주는 느낌이 더 많이 쌓여야 한다. 아이 관점에서 자신이 받았다 느낌이 더 많아야 한다는 것이다.

최선을 다해 수용하고 제공하지만 그래도 선을 정할 수밖에 없다. 출발하는 비행기를 되돌릴 만큼 경제적 여유가 되지 않는 한은 제한을 둘 수밖에 없다. 하지만 과정을 잘 진행해야 한다. 살 수 없는 이유가 뭔지, 언제 살 수 있는지, 대안은 무엇이 있는지 정확하게 말해 줄 필요가 있다. 욕구가 일어날 때마다 거절감과 좌절감 그리고 절망감으로 마침표가 찍히는 것은 아주 좋지 않다. 현실에 기반한 적절한 좌절, 현실에 기반한 기분 좋은 흥분으로서 욕구가 작동하고 조절되도록 해야 한다. 아이의 욕구가 지나친 흥분과 좌절 사이에서 작동되면 어떻게 결론이 나든지 절망감과 중독의 고통을 피하기 어렵다. 특히나 거절과 좌절이 많을수록 아이는 '돈'의 노예가 되고 '부자병'에 걸린다.

더 좋고 더 비싸고 더 화려하고 더 값진 것만이 자신의 욕구를 채울 수 있고 그래야 자신의 가치가 느껴지는 것처럼 믿게 된다. 제일! 최고! 비싼! 그런 것만이 나의 만족을 최대로 채워 줄 것 같은 느낌에서 벗어날 수 없다. 꽉 채우지 못한 것은 없는 것이나 마찬가지라는 극단적인 느낌이 강하게 작동한다. 전부 아니면 아무것도 아닌 사고를 하게 된다. 그럴수록 더 큰 거절과 좌절에 부딪히게 되고 반대로 최고로 최대로 갖고 싶은 환상은 더 커지게 된다. 영원히 만족을 할 줄 모르는 욕망의 블랙홀에 빠지게 되어 행복감과 안녕감, 만족감을 즐기지 못하게 된다. 감사는 사라지고 불평과 불만이 삶을 지배하는 주된 정서가 되기 쉽다. 차갑고 날카롭게 요구를 잘라 내는 "엄마. 돈. 없어."의 메시지가 만드는 인생 블랙 시나리오다. 그런 말은 엄마들이 자주 하지 않을수록 좋다.

아이들의 욕구는 충동적이고 제한이 없고 합리적이지 않다. 너무 당연하다. 돈이 하늘에서 떨어지고 땅에서 솟아나는 줄 안다. 말하면 다 되는 줄 안다. 엄마, 아빠는 그런 능력이 있는 사람이고 그렇게 되는 것이 당연한 줄 안다. 아이들은 흔히 이렇게 말한다. "엄마 카드 넣으면 돈 나오잖아.", "엄마 은행에 돈 많잖아." 자신의 욕구와 필요에 즉각적으로 만족시켜 주고 채워 주며 제공하는 엄마, 아빠는 환상적이다. 아이의 이런 환상은 지극히 정상이다. 어릴 때 누릴 수 있는 당연하고 고마운 환상이다. 세상 사는 게 얼마나 퍽퍽한지, 돈 버는 게 얼마나 힘든 지, 집 형편이 얼마나 쪼들리는지, 엄마, 아빠가 매일 싸우는 이유가 무엇인지, 아이가 속속들이 잘 알면 현실적인 경제 개념을 똑똑하게 잘 갖춘 아이가 될까?

아주 오래전 가정 통신문에는 경제적 수준을 묻는 항목이 있었다. 지금 생각하면 참 우스운 일이다. 옛날 시골에서 유년 시절을 보낸 나에게는 엄청난 부자의 개념도 가난에 대한 경제적 기준도 없었던 탓에 설문의 답에는 언제나 중산층 칸에 동그라미를 했다. 집안의 경제적 상황을 알 수가 없이 일상에서 나 자신의 욕구와 만족의 느낌을 가지고 답을 할 수밖에 없었다. 확실한 느낌을 가지고 우리 집은 그래도 중간은 되는 줄 알았다.

아빠가 사 주는 과자가, 엄마가 끓여 주는 삼계탕과 누룽지가 맛있고 만족스러웠다. 싫은 것도 있었지만 사랑받고 관심받고 아낌없이 대해 주는 존중과 애정의 느낌이 마음 바탕에 깊이 만족스럽게 자리했던 탓에 물질적인 필요와 욕구의 충족이 부족해도 충분히 견디고 문제가 되지 않을 만큼 좋았다. 시골에서 대학을 가고, 대학에서 유학을 준비하는 과정에서 중산층이 얼마나 어려운 조건을 가지고 있어야 하는지 실감했다. 하지만 그때 알게 된 현실적이고 경제적인 우리 집의 수준은 자존심이 좀 상하긴 했지만, 자존감을 어찌할 만큼 크게 작용하지 않았고 충분히 수용하고 대처하고 감당할만했다. 이미 엄마의 품과 집을 떠나 홀로서기가 가능할 만큼 마음의 경제적 수준이 풍요롭고 만족스럽고 높았기 때문이다. 중요한 건 아이들은 내 집, 내 부모에 대한 경제적 환상을 사춘기 이상까지는 견뎌 줘야 한다는 것이다.

마음은 아프지만 "엄마. 돈. 없어." 말할 이유는 많다. "언제까지 얼마나 더 사 줘야 해요? 아이 요구가 끝도 없어요! 계속 그러면 어쩌죠?", "경제 개념도 없고, 돈 귀한 줄도 모르고, 고마움도 감사도 모르는 아이가 되면 어쩌나요?", "절약할 줄도, 절제할 줄도 알아야지 않나요?", "너무 과잉되지 않게 하려고요.", "땀을 흘리고 노력하고 수고하고 얻는 것도 알아야지요.", "욕심부리지 않도록 해야 해요.", "제멋대로 하고 싶은 대로 고집부리지 않게 일찍부터 버릇을 들여야 해요.", "참을 줄도 알아야죠." 모두가 맞는 말이고 일리 있는 이유다. 이유는 더 많이 찾을 수 있다. 그런데, 사 줄 수 있어도 사 주지 않고, 사 줄 만한데도 사 주고 싶지 않은 깊이 숨어 있는 느낌은 어떻게 이해해야 할까? 돈이 아니라 요구가 많은 아이의 그 매달리고 안달하는 느낌이 버겁고 무겁고 힘든 것은 어떻게 설명할까?

욕구와 요구들 속에는 다른 차원도 있다. 돈이 현실에만 작동하고 느낌과 정서에 침범하지 못하도록 구분하게 하려면 어릴수록 엄마들이 돈에 대해 잘 대처해야 한다는 것이다. 돈보다 엄마의 마음이, 엄마의 사랑이, 엄마와의 관계가 더 우선하고 좋은 것이 되어야 한다. 돈보다 아이가 더 중요하고 돈보다 아이의 마음이 더 중요하게 다뤄지는 느낌이 많아야 한다는 것이다. 그래서 "엄마. 돈. 없어."라는 말이 "엄마. 너. 안 사랑해."로 들리게 하지 말아야 한다. 그래서 "엄마. 돈. 없어."는 엄마들이 하지 않을수록 좋은 것이다.

엄마가 자동화 코너에 카드를 넣으면 아이스크림을 살 수 있는 돈이 나와! 아빠가 핸드폰을 만지작거리면 내가 사고 싶은 로봇을 살 수 있는 결제가 돼! 이건 아이에게 깨뜨리고 싶지 않은 환상일 것이다. 그런데 무슨 말만 하면 "엄마. 돈. 없어."에서 진도를 더 나가는 엄마들은 "돈 없어. 우리 집 가난해. 저거 봐! 아빠 일 안 하고 놀고 있잖아."라고 한다. 왜 그러는 걸까? 어린아이들에게 엄마, 아빠의 돈 없음은 자랑이 아니다. 내가 믿고 기대고 싶은 큰 바위가 깨지는 것이다. 내가 닮고 싶고 되고 싶은 스타가 없어지는 것이다.

아이들에게 경제적 개념을 심어 주고 싶다면 문방구에서 물건도 사 보고, 편의점에서 계산도 해 보는 경험을 주자! 세뱃돈, 용돈을 다 모아서 통장에 넣어 주는 통 큰 기부도 중요하지만 아이가 자율적으로 필요한 것들을 선택하고 결정하고 계산해서 가져 보는 경험도 중요하다. 안 쓰고, 아끼고, 모으고, 용돈 기입장을 쓰고, 잔돈 200원의 행방을 챙길 때 경제 개념이 생기는 게 아니다. 내 소유에 대해 알고 인정하고, 필요와 불필요를 고민하고, 어떻게 소비할지 계획 능력을 수립하게 해 보자. 아이들의 경제 개념은 어른들의 경제 개념을 뛰어넘는다. 진짜 돈이 없다면 언제 살 수 있는지 달력에 가능한 날짜를 체크하고 아이가 할 수 있는 노력에 대해 이야기를 나눠 보자. 다짜고짜 "엄마. 돈. 없어."를 던지지 말자. 또 하나 조심해야 할 사항이 있다. 어린이집 다녀와서 아이스크림 사 달라는 아들에게는 "돈 없다.", "안 된다." 하더니 아이가 잠결에 깨서 화장실을 가다가 심야에 치맥을 시켜 먹는 엄마, 아빠를 보는 건 배신이다. '돈이 없는데 어떻게 치킨을 시켜 먹을 수 있는 거지?' 아이가 의문을 품는다면 "쿠폰으로 사 먹는 거야!" 말할 것인가?

엄마 아파!

교육을 통해 만나는 엄마들을 향해 어떨 때는 조금 냉정하게 "엄마들은 아프면 안 돼요. 아프지 마세요. 엄마는 아플 여유도 없어요."라고 말한다. 아이들에게 말을 잘 듣게 하거나, 엄마에게 협조적인 아이가 되기를 바라는 소망하며 엄살을 부리면서 "엄마 아파!"라고 말할 때가 있다. 마음이 혼란하고 기분이 무거워지고 뭔가 좋지 않은 느낌이 일어나면 엄마는 아이에게 말한다. "엄마 아파!" 그리고 그 뒤에는 거부할 수 없는 다양한 요구와 지시가 따라온다. 아프면 돌봐 줘야 하고 건드리지 말아야 하고 해야 할 일을 미뤄 줘야 한다. 엄마에게 요구할 수도, 엄마를 사용할 수도 없다. 아이들은 엄마의 숨은 의도를 정확하게 파악한다. 지켜보는 아이에게는 갑자기 불안과 상상과 걱정이 따라온다. '엄마 아픈 게 나 때문인가?', '내가 말을 안 들어서?', '내가 잘못해서?', '어떻게 해야 건강한 엄마로 돌아오게 할 수 있지?' 도무지 속수무책이다. 그래서 힘들고 자신에게 화가 나고 우울해진다.

몇 년을 간암을 앓던 엄마를 잃은 여섯 살 여자아이를 만난 적이 있다. 처음 놀이실에 들어왔을 때, 아이는 숨을 수 있는 공간이 보이면 그 안에서 오랜 시간을 머물렀던 기억이 난다. 틈만 보이면 머리를 디밀고 몸을 끼우고 눈을 가렸던 모습이 눈에 선하다. 아팠지만 옆에 있었고, 얼굴을 보고, 만질 수 있었던 엄마의 상실은 아이에게 세상의 모든 빛을 잃은 것 같은 느낌이었다. '슬프다! 힘들다!' 말 한마디 없이 그렇게 그 아이는 온몸으로 자신의 슬픔과 분노와 두려움을 표현하고 있었다.

'엄마가 아픈 게 내 탓도 있지 않을까 하는 죄책감!'
'아픈 엄마를 회복시키지 못한 깊은 한탄!'
'엄마를 잃은 깊은 슬픔과 우울감!'
'홀로 남겨졌다는 깊은 외로움과 두려움!'
'엄마 잃은 슬픔이 넘쳐 날 두고 가 버렸다는 분노!'
'엄마 없는 공허감! 가치 없이 버려진 듯한 폐기감!'

죄책과 슬픔, 상실과 분노가 뒤섞인 채 아이는 엄마 품을 찾듯이 세상에서 숨겨지고 도망치고 싶은 공간 확보에 에너지를 쏟고 있는 듯 보였다. 한편으로는 아이가 엄마의 상실로 인한 좌절과 절망으로 숨어들어 가는 것처럼 보이지만, 다른 한편으로는 흙 한 줌 없는 바위틈에서 몸을 지탱할 뿌리를 뻗어 보겠다며 어떻게든 매달리는 작은 나무처럼 보이기도 했다. 열매를 맺으려고 몸을 비틀어 해를 향하는 해바라기처럼 어떻게든 자기 생명력을 지키고 펼치고 싶은 간절한 몸부림을 온몸으로 호소하는 듯 느껴졌다. 아픈 엄마를 너무도 빠른 시기에, 가슴에 다 담아내기도 전에 이별해야 했던 아이는 그렇게 틈, 공간, 어둠을 찾아 자신을 묻고 숨겼다.

엄마가 아프면 아이들은 안절부절못한다. 엄마를 건강하게 회복시켜야 하는 책임이 자신에게 있는 듯 마음이 무겁고 심란하다. 아이들은 지나친 죄책감과 책임감의 무게에 짓눌린다. 자신의 욕구와 생각, 감정을 자유롭게 펼치는 날개를 짓누르는 무거운 책임감이다. 엄마가 아프면 아이들은 화가 난다. '도대체 나의 어떤 잘못이, 어떤 부족함이 저렇게 엄마를 아프게 했을까?' 엄마를 아프게 한 문제와 잘못이 자신에게 있고 뭔가 부족한 것이 자신에게 있다고 느끼며 엄마를 아프게 한 책임과 엄마를 회복시키지 못하는 부족함과 잘못과 취약함을 탓하며 자신에게 화를 낸다. 이것은 불안하고 나쁘고 불쾌한 느낌이다.

엄마가 아플 수 있다! 실제로 아프다! 잘 쉬고 잘 먹어야 한다. 살림도 잘하고 육아도 잘하고 일도 잘하는 만능 엄마! 완벽 엄마! 하지 말자! 적당히 적절하게 하는 엄마가 되자! 잘하려다 아프지 말자! 아프다고 못 하겠다 말자! 몸과 마음이 적당히 조화롭게 건강해지자! 너무 아프지 말자! 몸도 아프고, 마음도 아프고 늘 아픈 엄마가 아니라 적당히 쉬고 나면 다시 금방 충전되고 안전한 엄마가 되자! "괜찮아! 엄마 좀 쉬면 금방 다시 힘이 세져!" 말할 수 있도록 하자!

엄마가 아플 때 알아주지 않는 아이들로 인해 서운한 느낌이 들 때가 있다. 그런데 그럴 필요가 없다. 속으로는 너무 많이 걱정되고 미안하고 무섭고 힘든데 어찌할 바를 몰라서 아닌 척, 모른 척, 괜찮은 척하는 방법을 선택한 것일 수도 있다. 옆에서 아빠가 "거봐! 네가 말을 안 들으니까, 엄마가 아프지, 이제 말 잘 들을 거야?" 이거 하지 말자! 눈치라도 '너 때문에' 하지 말자! '엄마 아프니까 알아서 기라.' 하지 말자! 대신에 "엄마 약 먹어서, 병원 다녀와서, 곧 좋아질 거야." 안심시키는 여유를 부려 보면 어떨까? 그리고 진짜 아프지 말자! 우리는 아픈 사이가 아니다! 행복한 사이다!

엄마 위로!
평생 위로!

　누구보다 아이를 사랑하고 잘 돕고 배려하며 잘 키울 자신이 있었다. 아이를 잘 공감하고 이해하는 능력과 자질을 가지고 있다고 스스로 자부했다. 그런 자신감의 뒤편에는 내심 아이를 똑 부러지게 잘 키우는 엄마라는 평가를 받고 싶었다. 타인의 시선과 평가에 민감했던 만큼 양육에 대한 자신의 자부심뿐 아니라 다른 사람들에게도 인정받을 수 있어야 한다고 생각했다. 바르고 반듯하게 건강하고 빤짝이게 키우고 싶은 마음이 컸다. 옷도 잘 입히고 먹을 것도 잘 선별해서 먹이는 그런 긍정적 평가를 받고 싶었다.

　당장에 눈에 보이고 드러나는 현실적인 양육은 기본이다. 건강하게 배불리 먹이고, 깨끗하고 깔끔하게 입히고, 반듯하고 똑 부러지게 가르치려는 것은 중요하다. 이견이 없다. 그런데 정작 눈에 보이지 않는 부분은 어떨까? 무엇을 먹일까? 무엇을 입힐까? 관심했지만 정작 아이의 정서적 포만감, 안아줌의 총량이 아이의 평생을 두고 끼칠 영향에 대해서는 알지도 관심하지도 못했다.

큰아이가 다섯 살 무렵, 세상이 온통 궁금하고, 만져 보고, 먹어 보고, 참여해 보고 싶은 호기심과 주도성이 가득한 나이! 둘째가 있는 엄마는 큰아이의 호기심에 속도를 맞추기 어렵다. 둘째를 아기 띠에 안고, 양손에 시장을 본 꾸러미를 들고는 큰아이에게 모터 단 오토바이처럼 잔소리를 퍼붓는다.

"이쪽으로 가야지."
"빨리 가라."
"왜 엄마 앞을 막으면서 가니?"
"앞을 똑바로 봐야지."
"엄마가 얼마나 힘들겠니?"
"너까지 엄마를 힘들게 하면 안 되지!"

계속해서 잔소리를 퍼부으며, 힘든 지금의 현실을 극복하려는 엄마를 본다. 자신의 힘든 상황과 마음을 극복하는 쉽고 흔한 방법은 바로 주변 누군가에게 투사하는 것이다. 마음에 일어난 불편하고 힘든 에너지를 주변의 누군가에게 던지고 넘기는 것이다. 연결하고 끌어들이는 것이다. 관계없는 사람은 잘 연결되지 않고 받지 않는다. 그러나 가까운 관계의 사람은 쉽게 연결되고 중요하게 에너지를 주고받으며 서로에게 영향력을 발휘한다. 퍼붓는 엄마의 잔소리를 머리로, 가슴으로, 감각으로 담으며 걷던 아이는 이내 넘어진다. 연

결된 엄마의 힘든 에너지가 무겁고 버거웠는지 넘어져 울며 아파한
다. 아파서 울고 있는 아이를 향해 엄마는 또 다른 결정타를 쏟아
낸다.

"일어나. 손 털고. 엄마가 넘어진다고 조심하라 그랬지!"

그랬다. 늘 그랬다. '조심해라. 똑바로 해라. 하지 마라. 다친다.
거 봐라.' 시장 본 꾸러미와 동생에게 빼앗긴 엄마의 손은 넘어진 아
이의 상처를 살피고 매만질 겨를이 없다. 마치 그 정도 다친 건 아
무것도 아니고, 말 안 듣고 실수한 건 네 탓이니 어쩔 수 없다는 듯
매섭다. 너무 무덤덤하고 정 없다고 말해도 소용없다. 강철부대를
방금 제대한 아들을 기다리고 있는 것일까? 엄마의 표정과 태도는
마치 아이가 스스로 일어나서 "엄마, 나 괜찮아. 이제 다시 가자."
라고 말하는 것을 기다리는 듯 비장하기까지 하다. 아이는 서럽고,
속상한 감정을 다 표현하지 못한 채 눈물을 닦으며 자리를 털고 일
어난다. 아이는 자신의 욕구와 감정, 필요를 뒤로하고 '순응'이라는
어려운 문제를 마주한다.

아이들은 부모를 통해 위로를 충분히 경험해야 혼자 있을 때도 자
신을 위로할 수 있다. 부모가 자신의 감정을 말해 주고, 받아 주는
경험이 충분해야 자신의 감정을 알고 또 표현해도 안전하다는 느낌

을 얻을 수 있다. 사람은 크고 작은 어떤 실패나 좌절, 실수와 아픔, 고통과 절망을 경험하며 성장한다.

부모는 아이가 인생의 어떤 스트레스 상황을 만나든지 괴로워하고 아파하지만, 곧 그것을 딛고 일어나는 아이가 될 수 있도록 돕는 지혜가 필요하다. 그러기 위해서는 어떻게 해야 할까? 강철부대에 보내야 할까? 강인하고 다부지게 강력한 훈련, 크고 작은 고통을 많이 연습해야 할까? 넘어진 아이에게 일어날 것만을 강조한다면, 울고 있는 아이에게 뭘 잘했다고 우냐고 묻는다면, 잡고 싶은 엄마 손이 꿀밤이 되어 날아온다면, 마음에 무엇이 남을까?

인생을 살면서 좌절하고, 스트레스받고, 넘어질 만한 상황이 생길 때, 인생의 끝자락에 와 있는 느낌에서 자유롭지 않을 것이다. 죄책감, 수치감, 불안감으로 일어나지 못하고, 바닥에 얼굴을 묻고 누구와도 의미 있는 상호작용을 하고 싶어 하지 않는 아이가 될지도 모른다. 아이들은 스트레스를 받으면 싸울 것인지 도망갈 것인지 고민하게 된다. 그러나 싸우고 도망치는 것은 스트레스를 현실적이고 안정적으로 해결하고 극복하는 길이 아니다. 그도 안 되면 감각은 스트레스 호르몬의 과다 분비를 억제하기 위해 단것을 선호하게 된다. 또 다른 악순환이다. 싸울 것이냐? 도망칠 것이냐? 마비될 것이냐? 이런 선택들은 점차 자기 위로 기능을 상실하게 만든다. 싸우고 도망치고 마비되는 것 말고 다른 방법을 생각할 수 있도록 해야 한다.

스트레스 호르몬의 과다 분비를 줄이기 위해서는 아이를 향한 엄마의 눈길, 말길, 손길 세 가지 길을 잘 닦아 두자! 아이의 마음과 감정을 연결하고 살펴 주는 상냥한 눈길! 아이의 생각과 현실을 이어 주는 부드러운 말길! 아이의 필요와 욕구를 채워 주는 따스한 손길! 그렇게 아이의 스트레스와 아픔을 위로해 주는 세 가지 길을 잘 닦아 주는 엄마의 진실한 위로는 아이에게 평생 위로를 통한 평생 감사를 경험하게 할 것이다. 빠르게 가까이 다가가는 발길을 더하면 금상첨화다.

지나친 과잉과 의존으로 가지 않아야 하겠지만 그렇다고 너무 몰아쳐서도 안 된다. 매몰차서 다부진 것이 아니라, 충분히 안전하고 자신을 신뢰할 수 있어야 다부지게 된다. 아픔을 함께해 주고 위로해 주고 현실적으로 대안을 생각할 수 있는 안내를 경험해야 한다. 넘어진 아픔의 끝에서 다시 시작할 수 있는 위로와 용기를 경험해야 한다. 괜찮은지 점검하고, 다친 곳을 치료하고, 조심할 부분을 가르치자. 그 경험이 아이에게 자신을 위로할 수 있는 커다란 자원이 될 것이다. "괜찮아. 곧 좋아질 거야. 잠시 힘들어도 곧 이겨 낼 수 있을 거야." 그렇게 자신을 위로하는 아이! 엄마의 위로는 아이가 스스로 일어나는 평생 위로의 바탕이 된다.

엄마 힘들어

프로 골퍼가 있다. 수입도 능력도 정상급이다. 결혼하고, 아이는 둘을 키우는 단란한 가정의 아빠다. 그런데 결혼 후부터 이내 아내와의 갈등이 시작되었다. 부부 갈등이 잦아지면서 아이들의 정서적 어려움이 드러나게 되어 상담센터를 찾게 된 사례다. 아내가 보고하는 갈등의 원인은 바로 남편의 지나친 충성이 문제라는 것이었다. 자신의 어머니를 향한 남편의 충성은 '효도' 수준을 넘어서는 지나친 충성이라는 것이다.

남편의 월급을 아직도 어머니가 관리한다. 어머니의 호출과 일상의 집안 대소사는 물론 한 해에 십여 건이 넘는 제사의 모든 경제적인 부담을 동생들은 전혀 관여하지 않고 남편이 다 짊어진다. 결혼하고 독립한 가정의 가장이라기보다 아직도 엄마의 아들로 머물러 독립하지 못하고 살아가는 남편의 지나친 충성과 어머니에 대한 의존이 아내는 힘들게 느껴진다. 단순히 장남이라는 책임감과 경제적 부담의 문제로만 설명되지 않는 부분이 계속 갈등을 불러온다.

어머니에게 최선을 다하는 이 아들은 사실 어릴 적 어머니에게 받은 게 없다는 생각이 지배적이다. 어려운 살림에 아버지가 일찍 돌아가시고. 어머니 혼자 여관을 운영하면서 삼 형제를 키웠다고 한다. 주로 밤을 지켜야 하는 여관의 특성상 학교 갈 시간이면 아이들은 잠들어 있는 엄마를 보게 된다. 학교 가기 전 엄마 목소리 한 번, 엄마 얼굴 한 번 보고 싶다. 머리를 쓰다듬고 엉덩이를 두드리며 공부 잘하고 오라고, 볼에 사랑스러운 뽀뽀를 받으며 "친구들이랑 싸우지 말고 재미있게 놀다 오라."는 말을 듣고 싶다.

아들은 여관 데스크 쪽방에서 쪽잠을 자는 엄마의 작은 공간에 들어선다. 인기척을 느끼며 뒤척이는 엄마는 돈통에서 천 원권 지폐 하나를 꺼내서 던지듯 내준다. "엄마 힘들어! 가서 빵이랑 우유 사 먹고 가." 아들은 엄마에게 어떤 말도 할 수 없이 돌아서서 학교로 향한다. "엄마 힘들어!"라는 말이 아들의 귀에는 어떤 소리로 들렸을까? 마음에는 어떤 의미로 새겨졌을까?

똑 소리 나게 두 딸을 키우는 엄마가 있다. 똑똑한 만큼 뭘 해도 두각을 드러내는 딸! 엄마에게는 그런 딸이 유일한 자랑이다. 엄마는 자랑스러운 딸의 뒷바라지가 힘들다고 말하면서도 힘든 걸 즐기고 있는 것 같았다. 인라인 수업을 따라다니고, 영어, 과학, 수학 과외를 시키고, 미술대회, 피아노 대회를 열심히 따라다니는 엄마다. 전지적 참견 매니저다. 그런 엄마가 자신의 어린 시절 고백을 한다.

자신은 매일 아침 동생들을 챙겨서 학교를 가는 게 일이었다 한다. 술을 먹고, 아침에 일어나지 못하는 엄마는 오백 원 동전을 바닥에 굴리듯, 던지듯 건넨다. "엄마 힘드니까 얼른 가! 가다가 빵 사먹어." 방 안의 공기를 가르며 덩그러니 굴러온 오백 원 동전! 자신의 가치가 오백 원 동전에 밀리는 것 같은 느낌이 몰려와서 받아 든 동전을 길거리에 내던져 버리고 울면서 학교를 간 적이 있다고 한다. 엄마의 따뜻한 눈빛 한 번, 애정 어린 말 한마디만이라도 듣고 싶었던 마음을 가르며 차갑게 굴러오는 오백 원 동전이라니! 이 엄마는 아직도 동전을 싫어한다.

엄마들은 힘들다.

아무리 남편이 돕는다고 하지만 육아에, 살림에, 일을 병행하는 지금 같은 시대에 할 일이 많은 엄마는 힘들다. 힘든 걸 힘들다고 말도 못 하나! 일을 하면서 아이 셋을 키우는 워킹맘은 더 힘들다. 자녀가 연년생이면 더욱 힘들다. 남편의 정서적, 물리적, 경제적 지원이 부족한 엄마는 더더욱 힘들다.

엄마들은 힘들다.

하지만 힘들면 안 된다. 아이들 앞에서 힘들면 안 된다. 힘든 걸 아이들에게 들키면 안 된다. 힘든 걸 아이들에게서 위로받으려면 안 된다. 힘든 걸 아이들에게 하소연하면 안 된다. 힘든 걸 아이들에게 탓하면 안 된다. 힘든 걸 아이들과 연결 지으면 안 된다. 그러면 아이들이 더 힘들다. 아이 짐을 엄마가 들어주는 것이지 엄마 짐을 아이가 들게 하면 안 된다. 엄마가 힘들면 아이들은 더 힘들어진다. 아이들은 힘들지 않은 것처럼, 엄마의 힘든 것을 모르는 것처럼 보일 수 있다. 하지만 착각이다. 엄마가 힘들면 아이들은 더 힘들다. 우리 마음 안에 곧 잘 아이를 통해 위로를 받고 싶어 하는 마음이 있는 것 같다. 아이는 우리를 위로할 대상이 아니다. 아이는 우리를 통해 위로와 돌봄을 받아야 할 대상임을 잊지 말아야 한다.

엄마들은 힘들다.

그 힘듦을 해결할 수 있는 적극적인 방법을 찾아보자. 의외로 힘들지 않은 방법을 쉽게 찾을 수 있다. 다른 선택을 할 수 있음에도 늘 같은 방법을 선택하는 경우가 많고 매번 힘든 결과를 얻는다. 관점과 방법을 바꿀 수 있는 데 힘든 결과만을 낳는 생각과 방법을 고집하며 계속 힘들기를 원하는 것처럼 반복하는 경우가 참 많다.

엄마들은 힘들다. 그래도 끝까지는 힘들지 말자. "엄마가 지금은 힘들어서 그러는데 30분 쉬고 나면, 약 먹고 나면, 한숨자고 나면 괜찮아져." 말할 수 있는 엄마가 되자. 그래야 시간이 지나고 기다리며 견뎌도 절망 속에서 또 다른 절망을 경험하지 않는다. 아무리 힘들어도 그렇게 괜찮아지는 엄마를 경험해야 아이들도 시간이 지나도 절망 속 또 다른 설방을 발견하는 것이 아니라, 견뎌 내고, 기다리면 괜찮아지는 경험이 다양해지지 않을까?

　엄마들은 힘들다.
　아이들 때문이 아닌 오래전부터 힘들었던 내 감정과 정서가, 지금, 오늘 올라오는 것일 수도 있다. 그 힘듦이 꼭 누군가 때문은 아닐 수도 있다는 생각이 우리를 자유롭게 할 수도 있다. 아이들은 엄마의 힘듦이 백 퍼센트 자신 때문이라고 생각한다. 그러면 아이들이 자신의 할 일을 더 잘하고, 말도 잘 듣는 순응적인 아이가 될 것 같지만 결과는 늘 그렇지만은 않다. 내 짐을 지고 가는 것은 쉽지만 다른 짐을 지고 가는 것이 힘들다. 엄마를 힘들지 않게 하려고 노력하면 할수록 힘들다. 자연스럽게 되는 것과 노력해서 되는 것의 결과는 매우 다르기 때문이다. 다시 강조해 본다.

　엄마도 힘들 때가 있다.
　하지만 힘들면 안 된다.
　아이들 앞에서 힘들면 안 된다.
　힘든 걸 아이들에게 들키면 안 된다.
　힘든 걸 아이들에게서 위로받으려면 안 된다.
　힘든 걸 아이들에게 하소연하면 안 된다.
　힘든 걸 아이들에게 탓하면 안 된다.

힘든 걸 아이들과 연결 지으면 아이들도 힘들다.

아이 짐을 엄마가 들어주는 것이지

엄마 짐을 아이가 들게 하면 안 된다.

엄마가 힘들면 아이들이 더 힘들어진다.

아이 때부터 힘든 아이들은

앞으로의 세상을 엄마보다 더 힘들게 살아간다.

"엄마 힘들어!"

"이제 그만하자!"

대신 이렇게 말해 보자.

"엄마 힘난다. 너를 보면!"

"엄마 행복해. 너를 보면!"

엄마가
몇 번 말하니?

느리게 행동하고,

말을 듣지 않고,

고집을 부린다 싶으면

어김없이 날아드는 말이 있다.

"엄마가 몇 번 말해?"

아차! 몇 번인지 셀 뻔했다.

질문인지? 위협인지?

　"엄마가 몇 번 말해?"

계산이 어려운 딜레마다.

엄마는 여러 번 말했다.

아이는 한 번밖에 못 들었다.

좋지 않은 느낌은 받기 싫고,

그런 말은 듣고 싶지 않다.

듣고 싶지 않은 말은

한 번도 많다.

들리지 않았으면 싶다.

들리지 않았다면

엄마는 여러 번인데

아이는 처음 듣는 말이 된다.

　"엄마가 몇 번 말해?"

해결책은 없을까?

간단하다.

계산을 없애야 한다.

엄마는 한 번만 말해야 한다.

아이는 레고 놀이가 한창이다.

엄마는 퇴근하고 청소, 밥 준비.

손오공 분신술이 필요하다.

밀린 설거지와 밥 준비가 동시에 출발한다.

레고 놀이는 한참 멀리 가는 중인데,

"이제 밥 먹어야 해!"

설거지 물소리!
동생 텔레비전 소리!
레고 부딪히는 소리!
엄마 목소리는 들리지 않는다.

"이제 밥 먹어야 해! 식탁에 앉아야지!"

마음이 급하다.
꼬리에 꼬리를 물고 온다.
밥 차리고,
밥 먹이고,
설거지하고,
공부 봐 주고,
씻기고,
동화책 읽어 주고,
잠자리에 들기까지!
애들이 자야 엄마가 자유다.

"놀잇감 정리하고 이제 밥 먹자!"

레고 놀이가 절정에 다다른다.
여기는 어디? 나는 누구?
성을 만들고
적군이 쳐들어오고
곧 전투에 들어간다.
긴장한다. 집중한다.
군인들의 함성과
대포 소리와 비명만 가득하다.

"엄마 말 안 들려? 놀잇감 정리하고 밥 먹자."
"그만하고 정리하고 얼른 나와. 식탁에 앉아."
"빨리 안 와?"

무슨 소리가 들린 것도 같다.
성벽은 뚫리고 성문은 열렸다.
빠르게 몰아치는 적군들과
마지막 전투를 치른다.
곧 끝난다. 왠지 모르지만, 곧 끝내야 한다.
조금만 더
한 명만 더 물리치면 승리다.

결정적인 순간!
최후통첩이 날아온다.
날카롭게 날아오는 소리는
고막을 치고 마음을 치고
오금이 저리는 공포를 일으킨다.

"엄마가 몇 번 말해?"

허리에 꽂힌 빨간 고무장갑은
성벽을 부수는 강력한 불덩이다.
일그러진 표정과 큰 눈에서 레이저 광선이
천둥과 번개를 합친 것보다 강하게 뻗어 나와
마지막 마침표를 찍는다.

"엄마가 몇 번 말해? 밥 먹으라고!"

전쟁은 끝이 났다.
세상은 고요해졌다.
결정적인 순간!
승리를 눈앞에 두고
빨간 불덩이와 레이저의 한 방으로 끝났다.

패망한 전쟁포로는

풀이 죽고 기가 죽은 채로, 식탁으로 끌려간다.

감옥 같은 식탁은 맛이 없다.

그랬다.

엄마는 여러 번 말했다.

　　"이제 밥 먹어야 해!"

　　"이제 밥 먹어야 해! 식탁에 앉아야지!"

　　"놀잇감 정리하고 이제 밥 먹자!"

　　"엄마 말 안 들려? 놀잇감 정리하고 밥 먹자."

　　"그만하고 정리하고 얼른 나와. 식탁에 앉아."

　　"빨리 안 와?"

　　"엄마가 몇 번 말해?"

　　"엄마가 몇 번 말해? 밥 먹으라고!"

그런데, 아이는 마지막 큰 천둥소리 한 번만 들렸다.

아이가 집중력이 있으면 좋겠다고 한다.

아이가 집중하고 있으면 듣지 못한다.

아이가 빠르게 반응하지 않으면 화를 낸다.

집중력과 과몰입은 구분되어야 한다.

한 끗 차이다.

이미 산만하고 부주의하고 자극 장벽이 높아

엄마의 말이 잘 들리지 않는 아이에게는

엄마의 다리품이 필요하다.

엄마가 한 번만 말하려면

다리품이 필요하다.

다리품을 통해 간격을 줄여야 한다.

하던 일을 멈추고

남겨 두고라도 가까이 다가가야 한다.

손에서 물이 뚝뚝 떨어지더라도

찌개가 막 끓어오르더라도

전하고 싶은 말이 있다면

발품을 팔아서 다가가야 한다.

머리를 쓰다듬거나,

어깨를 툭툭 치며

눈을 맞추고 말해야 한다.

"이제 5분 후에 맛있게 밥 먹을 거야."

번거롭고 수고스러운 다리품을 팔아야만 한다.
웃음을 끼워 팔면 더 좋다.

"밥 먹고 나서 필요하면 10분 더 놀 수 있어."

연장전을 제공하면 더 효과적이다.

그렇게 다리품을 팔다 보면
엄마의 말을 한 번에 알아차린다.
말을 잘 전하면
말을 잘 듣는다.
잘 들은 말은 곧 실행이 된다.
한 번만 말해도 곧 실행하는 아이를 만나게 된다.
한 번만 말해도 되면
곧 말 안 해도 움직이는 아이를 만날 날이 온다.

다리품 없이
급한 마음에, 하던 일 때문에, 자존심 때문에
제자리에 서서 자리를 지키고 전달하려는 말은
아무리 크게 외쳐 봐도
먼지가 되고, 소음이 되어 공기 중으로 흩어진다.

먼발치에서

점점 커지는 목소리는

점점 깊어지는 한숨은

점점 차오르는 화는

당장은 움직이겠지만

결국에는 귀를 막고

행동이 느려지게 하는 마술 같은 힘이 있다.

아이들은 부모의 말을 들을 때

말을 따라 듣는 게 아니라

느낌을 따라 듣는 게 틀림없다.

손끝으로 전해지는 따뜻한 촉감으로,

말에서 전해지는 부드러운 어감으로,

눈으로 전해지는 다정함으로,

느낌이 채워지고 나면,

엄마는 한 번만 말해도 된다.

엄마가 중독이지

중독
강기화

틈만 나면 게임한다고
중독이라 하지만

난, 학교 갔다 와서 할 뿐
난, 학원 갔다 와서 할 뿐
난, 밥 먹고 할 뿐
난, 똥 싸고 할 뿐

학교도안가학원도안가밥도안먹어똥도안싸
틈도 없이 하는 게 중독이지

틈도 없이 잔소리하는

엄마가 중독이지

　　　　　－「놀기 좋은 날」(강기화 시, 구해인 그림, 산지니)

　중독에 대한 재밌는 글이다. 아이들을 키우면서 엄마 마음은 여러 이유로 불안해하고 흔들린다. 어떻게 할지 망설이고 갈피를 못 잡고 혼란해하며 흔들린다. 엄마 불안이 흔들리며 꽃을 피우기 위해 아이들의 작은 외침을 무시하고 처벌하며 흔든다. 나 대신 흔들리라고. 혼자 흔들리니 불안하다고. 내가 흔들리는 게 아니라 네가 흔들리는 거라고. 너 때문에 엄마가 흔들리는 거라고. 아이에게서 이유를 찾고 덮어씌운다.

　어느 세대를 막론하고 뒤 세대에게 '요즘 애들은, 요즘 것들은' 하면서 부정적 피드백을 한다. 스마트폰 사용 논쟁을 하려는 게 아니다. 중요한 것은 엄마, 아빠의 훈육이 무서워서 참고, 두려워서 참고, 치사해서 참고, 눈치 보며 참으면, 참고 누른 게 용수철이 되어 튀어 오르고, 눈덩이가 되고 빙하가 되어 도저히 어떤 힘으로도 조절할 수 없는 상태가 된다는 점이다.

　요즘 아이들에게 스마트폰은 중독을 경험시키는 부정적인 것만 있는 것은 아니다. '세상과 소통하게 하는 소통 창문!', '세계를 경험하고 바라보는 비전 창문!', '다양한 정보와 지식을 채우는 생각 창문!', '외로움과 슬픔을 달래 주는 놀이 창문!'이 될 수 있다. 스마트폰을 들고 고집부리는 모습보다 긍정적이고 자율적인 조절 능력을 발휘하는 자신의 모습을 자랑스러워하도록 도우면 어떨까! 억압 대신 조절, 조율의 능력을 응원해 보며 어떨까!

부모는 아이들에게 무엇인가 말해 주고 가르치고 알려 주어야 한다. 정보도, 지식도 제공하고 지혜도 전달해야 한다. 그런데 그것이 언제 어떤 때에 어떤 방식으로 전달되어야 제대로 아이에게 받아들여져서 살이 되고 피가 되는 약이 될지는 결국 아이들이 결정하게 된다.

쉴 틈 없이 쏟아내는 부모의 말을 아이가 좋아하면 관심! 싫어하면 잔소리! 부모의 의도와 말의 내용이 중심이 아니라는 거다. 중독에 대한 염려와 불안으로 제한과 처벌을 높이기보다 다른 대안을 선택하고 연습하는 것이 더 좋은 선택이 되지 않을까? 중독에 대해 걱정하고 염려하는 것보다 차라리 좋은 중독을 만들고 강화하는 게 도움이 될 듯하다. 아이들이 좋아하는 관심을 더 일으키고 건강한 중독에 대한 접근이 필요하겠다.

마음을 담고 소통하는 건강한 관계 중독!

사랑 중독!

신뢰 중독!

소통 중독!

놀이 중독!

'어머니의 부드러움이 세상을 바꾸는 어부바 중독!'

6영어로 말한 잠꼬대

두 아들을 둔 30대 젊은 엄마가 상담과 교육에 참여하며 자신의 이야기를 풀어냈다. 무엇이든 열심히 잘해 내야 했고 웬만하게 해서는 칭찬받기 어려운 그런 유년 시절을 보냈다. 언니와 자신은 늘 책을 읽거나 연필로 쓰면서 무엇인가를 해야만 했는데 그 뒤에는 공부와 책 읽기에 엄격하신 기자 출신의 아버지가 자리하고 계셨다.

아빠에게 순응하기를 선택한 언니는 읽고 쓰고 공부를 열심히 했고, 대학도 한 번에 진학하는 모습을 보였다. 하지만 동생이었던 자신은 공부와 대학 대신 빠른 직장 선택과 이른 결혼으로 하기 싫은 것들과 이별을 고하며 집을 나왔다. 태블릿에 필기하는 요즘 세대는 이해할 수 없는 일명 '깜지', 영어 단어를 외울 때 노트에 빽빽하게 쓰면서 외우는 방법이다. 연필로 종이 한 장을 빽빽하게 여백 없이 쓰고 또 쓰고 채우고 나면 멀리 서는 그저 까맣게 보인다고 해서 일명 '깜지'다.

아빠가 정해 준 깜지 분량을 채우지 못하면, 외워야 할 영어 단어에 대해 시험을 통과하지 못하면 잠을 잘 수가 없었다고 한다. 너무 힘들고 싫었단다. 그렇게 해야 할 일에 대한 지겨움과 무서움을 준 아빠에게 처음이자 마지막으로 들은 칭찬이 있다. 깜지와 영어 단어 시험을 패스하고 밤늦게 지쳐서 잠든 그녀는 그날 밤 영어로 잠꼬대 했단다. 자신은 전혀 기억하지 못하는 '영어 잠꼬대'.

그렇다. 그렇게 잠꼬대할 정도로 공부해야 한다. 영어로 잠꼬대 하는 딸을 보면서 아빠는 얼마나 뿌듯해했을까? 자신의 훈련이 성과를 보이는 잠꼬대 상황을 기억하며 다음 날 그녀는 특급 칭찬과 특별 대우를 받으면서 언니 앞에서 모처럼 위풍당당했더란다. 그런데 하나도 기억나지 않는다. 그날의 잠꼬대도, 그날 이후로도 지속되었던 그때의 영어는 하나도 기억에 없다고 한다. 그리고 던진 한마디, "저! 영어 진짜 못해요~." 5살 때부터 시작된, 그렇게 중고등학교 때까지 유지된 영어 공부가 남긴 건 "영어 못해. 영어 싫어." 그렇게 힘들게 써 내려가며 외워 댔던 영어는 다 어디로 간 것일까?

두 아들의 엄마가 된 지금, 자신이 그렇게 듣고 싶었던 칭찬에 오히려 인색한 자신을 보면서 한숨을 내쉰다. 까칠하고 염려 많고 잔소리 심한 자신을 변화시켜서 칭찬에 넉넉한 엄마가 되고 싶은데 실행이 쉽지 않다며 영어 잠꼬대의 칭찬 기억을 소환하며 잠을 청한다고 한다.

"잘했어. 잘할 수 있어."

상담을 통해 이제는 자신이 하고 싶은 공부를 뒤늦게 시작했고 자신을 칭찬하고 격려하는 법을 배우기 시작한 오늘 밤, 아마도 영어 잠꼬대는 "I am so happy!"

온몸으로
느끼고 싶어요

바닷가로 가족 나들이를 하러 간다. 평소에 통제가 많았다고 느낀 엄마는 걱정과 근심을 내려놓고 아이들에게 특별히 자유를 주기로 결심한다. "모래사장에서 마음껏 놀아도 돼." 아이들은 자유롭게 한참을 모래와 함께 뛰논다. 어떤 말도 생각도 고려할 필요 없이 그저 모래사장을 뒹군다. 손으로 모래를 파기도 하고, 발을 덮기도 하고, 모래찜질을 하듯 온몸을 덮는다. 온몸으로 모래의 간지러움을 느끼며 자유의 나래를 펼친다. 아무 생각 없이.

얼마나 시간이 지났을까? 첫째 아들아이가 이상한 느낌을 호소하며 엄마를 찾는다. 아이 몸을 살피고 얼굴을 살피던 엄마는 귀 주변에 모래를 발견하고 들여다본다. 귓속에 모래가 가득하다. "모래찜질하듯이 얼굴을 모래로 덮어 보고 싶었어." 자유로운 흥분의 시간, 아이는 현실과 상상의 세계 사이에 다리를 놓는다. 모래찜질의 느낌을 얼굴까지 온몸으로 확장했다.

첫째 아이는 늘 부딪히고 넘어지기를 잘한다. 여기저기 멍 자국과 상처는 부지기수다. 이마는 작은 혹들을 달고 산다. 부딪히고 넘어지다 보면 심지어 치아 색도 시퍼렇게 멍이 들어가기도 한다. "여기 조심해야 돼.", "기둥 조심해. 앞에 봐." 저녁 식사를 마치고 학교 운동장에 산책이라도 가려면 늘 나오는 말들이다. 늘 가던 익숙한 길이지만, 익숙한 운동장이지만 아들은 늘 부딪히고 넘어진다. 그리고 "너 바보야? 왜 앞을 안 봐. 왜 맨날 넘어져?" 아빠의 핀잔으로 산책은 끝이 난다.

친구의 생일 파티! 키즈 카페에 초대받은 아이는 일단 뛴다. 방방 뛰고 또 뛴다. 멈추지 않고 뛴다. 잠시도 앉아 있지 않고 뛴다. 뛴다. 또 뛴다. 결국 지쳐서 쓰러지거나, 몸이 아픈 지경이 되어야 멈춘다. 집에서 TV를 본다. 소파에 서서 본다. 방방을 뛰면서 본다. 몸을 잠시도 가만두지 않고 본다. 물구나무를 서서 본다. 다리 사이에 얼굴을 묻고 본다. 온몸을 사용해서 놀고, 넘어지고, 뛰고, 본다. 그야말로 온몸을 아낌없이 사용한다. 눈으로 보는 게 아니라 몸으로 본다.

이런 아이는 곧 잘 부주의하거나, 산만하다는 말을 듣는다. 왜일까? 왜 자주 부딪히고, 넘어지고, 뛰는 것일까? 마치 온몸을 놀이터 삼아 놀듯이 몸에 가해지는 자극을 지나치게 추구하는 것일까? 한 가지 정답은 없다. 'a는 b다.'라는 공식은 위험하다. 다만 추측하고 가정하는 여러 가지 중에서 관련이 높은 것도 낮은 것도 있다.

224

또 한 가지가 아닌 여러 가지가 서로 연관이 되고 상관이 되어 그렇게 아이의 마음과 행동은 다양하게 펼쳐진다. 그 가운데 한 가지를 따라가 본다.

아이의 엄마, 아빠는 안전에 대한 염려가 상당히 높다. 늘 "조심해!", "위험해!"를 달고 산다. 아이가 스스로 걸을 수 있을 때에도 바닥에 내려놓지 않는다. 위험해서? 더러워서? 다양한 자극과 감각을 경험하고 발달시켜야 하는 시기에, 스스로의 경험을 통해 위험을 감지하고 통제력을 발휘하고 숙달해야 하는 시기에 아이는 주로 엄마와 아빠의 손과 팔 위에 머물러야 했다.

꼼지락댈 수밖에 없는 생명의 에너지! 간질간질한 손발의 감각 발달의 자극 추구! 걸음마를 하며 앞으로 나갈 때 느껴지는 수많은 감각들! 발바닥과 무릎과 허벅지에 느껴지는 압박과 체중의 느낌! 딱딱한 바닥, 양 볼에 느껴지는 바람의 간지러움! 앞으로 갈수록 가까워지는 엄마의 모습과 지나가는 자전거! 넘어지고 느껴지는 아픔과 가까워진 땅바닥, 손바닥에 와 닿는 모래와 자갈의 느낌! 바스러지는 낙엽 소리와 움직이는 개미들! 그렇게 오감을 통해 온몸에 구석구석 느껴지고 채워져 만들어지는 감각적 자기감! 머리부터 발끝까지 감각의 경험들로 연결되어 움직이고 느껴지는 '나'라는 느낌!

살아 있고 움직이는 감각의 '나' 느낌들이 세계와 관계하며 눈, 코, 입, 귀, 손발과 손가락을 통해 충분하게 경험되고 소화되고 영글어 모아져야 한다. 그래야 감각들이 서로 연결되고 통합되고 조화도 이루고 균형도 이루게 된다. 그래야 온전히 살아 있는 나, 자율적인 나, 자유로운 나로 만족과 행복을 추구하고 느낄 수 있다. 어쩌면 엄마의 눈에, 말에, 팔에 머물고 갇혀 있던 아이의 감각들이 엄마 팔을 벗어나자마자 이제야 스스로 온몸을 깨워 구석구석 경험하고 소화하고 영글어 모으겠다고 그렇게도 온몸을 내어 던지며 자신을 찾고 있는 중인지 모른다.

안전에 대한 추구가 높은 만큼 위험에 대한 경계가 높은 부모는 불안과 긴장이 높다. 아이가 어릴수록 그 강도가 일반적 범위를 벗어나 지나치게 활성화된다. 잘못과 실수를 두려워하는 숨겨진 마음은 완벽하고 안전한 부모가 돼야 한다고 부추긴다. 너무 약하고, 미숙하고, 무능한 아이는 실수와 잘못에 취약하고 위험할 수밖에 없다. 눈앞에 아이는 나의 두려움을 일으키고 불안과 긴장의 파도를 일으키기에 충분한 또 다른 나다. 부모인 지금의 나는 취약하지 않다. 완벽하고 안전하게 통제해서 실수와 잘못도 위험도 막을 수 있다. 자신이 있다. 하지만 아이는 없다. 자신만 있는 부모는 손쉽고 능숙한 방식으로 아이가 경험하고 연습할 감각의 세계를 정리한다. 통제하고 관리한다. 깨끗하게! 안전하게! 완벽하게! 실수하면 안 돼! 잘못하면 안 돼! 좋아! 훌륭해! 자신이 있다. 하지만 아이는 없다. '조심해. 위험해.', '너는 생각하지 마. 누군가 말해 줄 테니까.', '너는 하지 마. 내가 하라는 대로 하는 게 안전해. 완벽해.' 아이는 없다. 부모만 있다.

　신생아 때 속싸개에 싸여 있던 아이는 점차적으로 느슨한 싸개를 경험하면서 느슨해진 만큼 더 많이 세상과 소통하고 감각적으로 세상을 만나고 관계하며 사귄다. 그렇게 자신을 익히고 세상을 익힌다. 흩어지지 않도록 안전하게 보호하고 잡아 주는 속싸개가 부모의 손과 팔로 이어져 아이의 감각 경험과 발달을 차단하게 되면 그만큼 더 감각을 추구하고 경험하고 싶은 욕구와 강도는 강해진다.

　학령기가 되기 전, 아이들은 몸으로 인지한다. 감각으로 배우고 안다. 충분히 몸으로 자신의 감각을 발달시키고 통합한 후, 우뇌와 좌뇌를 통합해서 인지적 사고와 분석적 사고를 활성화하게 된다. 아이는 이 시기를 알아차리고 발달을 위한 감각의 기초를 다지기 위해 최선을 다해 온몸을 활용하고 있는 것이다. 더 많은 감각을 사용할 수 있도록 충분한 자율성과 경험을 허락하지 않는다면, 온몸을 사용해서 느끼고 싶은 아이의 욕구는 사라지지 않고 더 강화된다. 그러면 규칙과 구조 안에 들어가기, 누군가의 지시 따르기, 약속을 이행하는 일이 감각 추구에 밀려 어려워질지 모른다. "조심해. 위험해. 똑바로 하라고 했지." 통제와 지적과 주의를 줬을 때 고쳐진 경험이 더 많다면 성공적인 방법을 지속할 일이다. 하지만 효과가 없었다면 다른 방법을 고민해 볼 일이다. '어디 조심하는지 보자.', '안 다치는지 보자.', '더 다치고 아파 봐야지.' 하는 마음을 갖고 지켜보라는 게 아니라, 몇 차례 다치고 넘어지더라도 아픔에만 공감하며 어떻게 하면 좋을지 아이의 뇌가 생각할 수 있는 기능을 회복할 수 있도록 돕자는 것이다. 그래서 부주의하고 산만하다 통제하고 지적하려 하지 말고 다른 접근을 해 보자!

감각을 활용한 놀이를 충분하게 제공하기, 안전은 관리하되, 부주의한 모습이 보일 때 미리 지적하지 않기, 부주의한 결과에 비난과 핀잔 대신 공감과 안내하기. 아이가 감각을 추구하며 놀이를 할 때 산만하고 부산한 느낌을 주는 건, 제 역할을 위해 사용해 보지 못했던 감각들을 제대로 활용해 보려는 아이들의 선순환적 과정이다. 산만하고 부주의하고 부산한 과정에서 점점 통합되고 조율되고 기능이 숙달되는 과정의 연속이다. 부모의 불안과 염려와 통제와 지적이 실수와 잘못과 위험을 기회 삼아 성장하고 발달할 아이들의 감각 발달과 통합을 늦출 수 있다. 감각 발달과 통합의 지연은 인지적, 윤리적, 사회적 발달의 지연으로 이어질 수 있다. 충분히 만족스럽고 자유롭게 뛰어 놀며 넘어지고 다치고 일어나고 다시 뛰어 나갈 기회가 주어져야 한다.

충분히 흩어지고 흔들려야 가만히 모아지고 중심을 모을 수 있다. 온몸의 감각을 제대로 활용하고 조절할 수 있는 능력이 발달하고 마음과 정신을 제대로 활용하고 조절할 수 있는 능력을 잘 통합한 아이들이 미래를 이끌어 갈 주인공이다. 이 아이들이 있어서 세상은 감각적으로 돌아간다.

이거 프라이 아니잖아!
안 먹어!

우리는 흔히 '공격성'이라는 말을 할 때 부정적 의미를 떠올린다. 공격성을 타인에게 해를 끼칠 의도가 있는 신체적, 언어적 행동 등으로 이해하며 '화, 분노, 적개심, 증오심, 복수심' 같은 것을 떠올린다. "아이가 너무 공격적이야. 좀 차분해지면 좋겠어.", "아이가 유치원에서 공격적 행동을 해서 문제가 돼요." 어릴 때 공격적 행동을 보이면 빨리 해결되어야 할 큰 문제행동으로 주목받는다. 하지만 '공격성'에는 또 다른 긍정적 측면도 있다.

어린이집 등원을 준비하는 아주 평범한 가정의 아침을 들여다보자. 다섯 살 딸아이는 졸린 눈을 비비며 식탁에 앉는다. 세수도 옷도 곧잘 혼자서 잘해 내는 아이가 대견하다. 아침 식탁을 준비하는 엄마는 지난밤 늦게까지 집안일을 마무리하느라 눈이 반쯤 감겼다. 엄마도 출근을 준비하느라 머리는 말리다 말고, 옷은 단추도 다 못 채웠다. 화장은 신호등 빨간불 앞에서 할 계획이다. 연신 하품이 나온다. 피곤이 가시지 않는다.

아이는 아침으로 달걀 프라이와 우유를 너무 좋아한다. 달걀 프라이를 정성스럽게 만들던 엄마가 하품하다가 그만 실수로 노른자를 터뜨렸다. 아차! 하는 순간, 번뜩이는 영감을 얻은 듯 곧바로 달걀 스크램블로 메뉴를 변경한다. 엄마는 메인 셰프처럼 프라이팬을 이리저리 빠르게 흔든다. 모락모락 맛깔스럽게 김을 올리는 스크램블을 파란 접시에 담아 캐첩을 살짝 둘러 준다. 노란색, 빨간색, 파란색 보암직도 하고 먹음직도 하다. 정성과 사랑을 담아 뿌듯하게 아이에게 건넨다. 아이는 배가 고팠는지 포크를 집어 들고 두 팔을 들고 접시를 환영한다. 당장 달려들 것 같던 아이가 말이 없다. 잠시 후 물끄러미 접시를 바라보던 아이가 한마디 한다. "이거 아닌데. 난 프라이가 좋은데."

엄마는 바로 설명한다. 이거 같은 달걀이다. 똑같은 거다. 어쩔 수 없다. 시간이 없다. 오늘은 그냥 먹으라 한다. 아이는 단호하다. 목소리를 더 높여서 이야기한다. "이거 프라이 아니잖아. 이거 안 먹어." 엄마가 실수로 그랬다. 미안하다. 다시 한번 이런저런 설명과 설득과 훈계를 섞어 가면서 아이에게 얼른 먹으라고 요청한다. "싫어. 안 먹어. 프라이 먹을 거야!"

그럴 때가 있다. 잘하다가도 그럴 때가 있다. 엄마도 그렇고, 아이도 그렇다. 뭔가 안 맞을 때가 있다. 엄마는 이내 아이의 반응을 실망과 짜증과 고집으로 해석하고는 되받아친다. "먹기 싫으면 먹지 마. 엄마 혼자 먹으면 돼. 아무거나 감사하게 먹을 일이지. 먹지 마!"

그런데 여기서 한 가지 되짚어 볼 것이 있다. 아이의 달걀 프라이와 스크램블 사이의 갈등은 공격성인가? 자기주장인가? 당연히 '자기주장'이다. 다르게 보면 아이가 힘이 있고, 적극적으로 자기 목적을 표현하는 모습이다. 자신을 방어하고 원하는 것을 주장하는 당당한 모습이다.

우린 평소에 친구들과의 갈등과 다툼에서 의기소침하거나 소심한 자녀의 모습을 보면 "왜 말을 못 해. 네 주장을 해야지. 물러서지 말아야지, 너를 지켜야지." 하면서 자신 있게 자기를 지키고 주장하라고 주문한다. 그런데 부모의 앞에서는 순한 양처럼 그저 말을 잘 듣고 따르기만을 바라기도 한다.

공격성의 첫 번째 원리는 공격성을 자기주장으로 해석하는 것이다. 아이의 공격성에 신경을 곤두세우기보다 아이의 자기주장으로 해석하고 품어 주며 힘을 실어 주는 것이다. 아이의 공격성을 자기주장으로 인정하면 공감 능력과 반응의 방법이 풍성해진다. 반면, 아이의 자기주장을 공격성이라고 생각하고 대처하면 아이의 공격성은 좌절을 거쳐 자신과 타인을 적대시하고 파괴하는 증오로 치우쳐 가는 힘이 될 수 있다. 걱정하고 실망하고 화내고 다그치면 좁아지고 날카로워진다. 긍정하고 품어 주고 힘을 주면 넓어지고 원만해진다.

돌아보면 별개 아닌데 그런 날이 있다. 피곤해서든, 감정이 상했든, 버릇없다 싶었든, 잘 안 되는 때가 있다. 어떤 때는 잘했을 것이다. 뭐가 그렇게 어렵다고 그냥 다시 얼른 달걀 하나 깨서 프라이해 주면 그만인데. 잘 안 되는 그런 날이 있다. 달걀이 떨어졌다면, 프라이 먹고 싶은 맘을 공감해 주고, 실수를 사과하고, 지금 가능한 상황을 설명해 주고, 저녁에 프라이를 먹을 수 있다는 기대를 주고 약속해 볼 일이다. 지금 스크램블을 먹을 것을 선택하든지 아니면 좋아하는 다른 것을 요청하도록 열어 주고 기다려 볼 일이다. "이거 아닌데. 난 프라이가 좋은데.", "이거 프라이 아니잖아. 이거 안 먹어.", "싫어. 안 먹어. 프라이 먹을 거야." 하는 아이의 반응과 주장은 너무 명확하다.

"먹기 싫으면 먹지 마. 엄마 혼자 먹으면 돼. 아무거나 감사하게 먹을 일이지. 먹지 마." 하는 엄마의 반응은 도대체 무엇일까? 왜 이렇게 아이에게 맞춰 줘야 하나 싶은가? 아이가 상전도 아니고 그렇게까지, 해야 하나 싶은가? 나 때는 '주는 대로 먹었는데.' 하는 서운함이 몰려오는가? 버릇이 없고 까다롭게 구는 것이 속상한가? 고집을 피우고 대드는 못된 버릇을 고쳐야지 않나 싶은가? 어쩜 저렇게 자기 욕구와 주장만 고집하나 싶어서 얄미운가?

어떤 생각으로 엄마 반응을 정당화하고 합리화하든 의도에 상관없이 엄마 안에 있는 공격성이 아이의 자기주장을 공격성으로 해석하는 과정에 들어가는 것이다. 더 깊이는 엄마의 좌절과 억압이 아이를 향해 시기심과 공격성으로 표출될 수 있다. 달걀 프라이 하나와 짜증 한 번에 너무 심각한 해석을 펼치는 것일까?

공격성을 인간의 원초적인 생명 에너지와 힘이 표출되는 것으로 이해한다면, 우리는 공격성을 더 자연스럽고 친절하게 대할 수 있다. 공격성을 자기 보존과 자기 방어력, 자기주장과 적극적 목적의식으로 해석한다면, 우리는 공격성을 건강하고 긍정적으로 방향 잡아 펼치도록 잘 다룰 수 있다.

공격성은 병아리가 자신의 부리로 딱딱한 알껍데기를 깨고 세상을 향해 생명의 힘을 발휘하고 나오는 것과 같다. 그렇게 세상을 향해 생명력을 발휘하고 나오려면 어미 닭이 품어주고 견뎌 주어야 한다. 어미 닭은 빨리 나오라고 다그치지 않는다. 힘들다고 대신 알껍데기를 깨 주지도 않는다. 다만 적당하고 따뜻한, 일정한 온도를 유지해 주기 위해 품고 또 품는다. 엄마가 아이의 공격성을 대할 때도 마찬가지다. 생명의 원리는 비슷하다. 품어 줌의 미학을 통해 단단함을 제힘으로 깨뜨려 뚫고 나오는 병아리는 노란 세상을 품을 수 있다. 엄마가 품고 경험한 세상을 아이도 품고 살아갈 힘을 얻는다. 아이의 공격성에 신경을 곤두세우기보다 아이의 자기주장에 힘을 실어 주는 품을 우리는 이미 품고 있다.

이게 뭐야, 더럽게!

어린이집을 마치고 엄마가 아이를 데리러 온다. "입에 뭘 묻혔어. 더럽게.", "손에 이게 뭐야, 더럽게.", "옷이 이게 뭐야, 더럽게." 반갑게 안아 주고 맞이해야 할 눈과 손과 입이 아이의 더러운 것을 점검하고 찾아서 지적한다. 엄마의 반응을 통해 자기 정체성을 확인하는 아이에게는 "더럽게."만 남는다. 반가움을 표현하고 환하게 웃어 주는 미소 반응을 90% 이상 보이고, 10%의 흩어진 부분을 만져 주어도 충분할 일이다. 그 반대가 되면 문제는 어릴수록 심각해질 수 있다.

'더러움'은 좋은 이미지를 망친다. 자녀가 깔끔하고 말끔하고 반듯한 것을 마다할 엄마가 있을까? 아이가 촌스럽거나 꼬질한 모습을 보이면 엄마는 창피하다. 엄마가 아이를 잘 돌보지 않는 증거가 될 수 있기 때문이다. 어떤 엄마는 아이와 패션쇼를 하듯이 머리부터 발끝까지 과하다 싶을 만큼 깔맞춤을 한다. 그야말로 깔끔하고 멋스럽다. '더러움', '흐트러짐', '촌스러움'은 어디에도 없다. 조금이라도 흐트러지거나 더러운 게 묻었다 싶으면 얼굴과 손을 연신 깨끗하게 닦으며 이미지를 챙긴다. 아이를 위해서인지 엄마를 위해서인지 구분하기 어려울 정도로 엄마는 아이의 이미지를 챙긴다. '더러움'은 말끔하고 깔끔한 이미지를 망가뜨린다.

이미지 다음으로는 위생이 강조된다. 더러운 것은 위생적으로 건강적으로 위험하고 위협이 된다. '더러움'이 말끔하고 깨끗한 이미지를 넘어서서 위생과 면역력, 질병과 연결된다. 건강과 안전을 위협하는 어떤 것이 되면서 '더러움'은 불안과 두려움의 상징이 된다. 가볍게 털어 내고 닦아 내서 처리하면 되는 어떤 것이 아니다. 이제 회피하고 조심하고 큰 문제가 있는 어떤 것이 되었다. 먼지 하나 묻는 더러움의 틈을 주지 않겠다는 신념으로 물티슈가 열일을 한다. '더러움'에 대한 척결은 단순히 깨끗함을 넘어 보이지 않는 바이러스까지 염려하며 대비해야 하는 어떤 것으로 그 영역이 확장되면서 뭔가 큰 힘을 얻게 되었다.

엄마의 깔끔과 깨끗의 욕구가 걱정과 염려로 바뀌는 지점에 심리적 위험이 도사리고 있다는 것이 문제다. 단순히 이미지와 위생을 챙기는 수준을 넘어서서 건강 염려의 불안으로 '더러움'을 대하기 시작하면서 '더러움'은 아이들의 심리적 불안과 신경증까지 일으키며 강박적이 되거나 건강 염려로 움츠리게 될 수 있다. 상황은 거기서 머물지 않는다. '더러움'이 이미지를 넘어 건강의 위협과 불안을 부추기는 요소가 되는 데서 멈추지 않는다는 것이다. 부모의 깔끔함과 건강 챙김이 신경증을 넘어서 아이들의 자존감과 가치감 자체를 의심하게 만들 수 있다는 것을 염두에 두어야 한다.

"이게 뭐야! 어휴~ 더러워." 아이에게 무심코 던지는 '더럽다.'는 말은 단순히 얼룩이나 지저분한 상태를 지적하는 것으로 끝나지 않을 수 있다. 깔끔함을 지향하는 엄마는 아이의 옷에 묻은 얼룩을 보며 무심코 물티슈를 툭 던진다. 깨끗하고 정돈된 것을 좋아하는 엄마는 지저분한 것에 꽂혀서 수시로 '더럽다.'는 말을 자주 한다. 아이는 물티슈로 식탁을 닦고, 자신의 입 주변을 닦느라 여념이 없다. 여기저기 닦느라 진짜 해야 할 일은 집중하지 못한다. 자존감이 낮은 아이들은 더럽다는 엄마의 말이 마음에 강력하게 자리할 수 있다. 그도 그럴 것이 아이가 자존감이 높다면 자신에 대한 건강한 정체성을 획득해서 엄마의 더럽다는 말은 나와 관련 없는 환경의 상태를 지칭하는 것임을 알기 때문이다. 하지만 엄마와의 관계에서 아직 자기 정체성을 튼튼하게 다지지 못한 아이는 엄마의 말이 절대적이기 때문에 외부를 보고 "더러워." 하는 말을 자신의 내면으로 가져와서 자신에 대해 좋지 않다는 느낌으로 듣게 될 가능성을 무시할 수 없다.

위생과 안전에 무관심하자는 게 아니다. 방역과 면역을 대충하자는 이야기가 아니다. 다만 더러움에 꽂혀서 너무 강조한 나머지 불안과 공포, 창피함과 나쁜 느낌이 강조되지 않도록 하자는 것이다. 아이들의 마음에서 자기 느낌과 자기 정체성을 형성하는 과정의 심리적 영향을 살필 일이다. 아이들에게 "너는 깨끗하지 않다.", "너는 더럽다.", "너는 좋지 않다.", "너는 안전하지 않다."는 느낌을 주지 않도록 조심하자는 이야기다. "이게 뭐야, 더럽게.", "지저분해 죽겠네. 빨리 치워. 좀."이라는 표현 대신, "뭐가 묻었네. 이렇게 닦으니까 깨끗하네.", "이렇게 치우니까 깨끗하네. 같이 해 볼까?"의 표현으로 바꿔서 해 보면 어떨까? 제안해 본다.

한 걸음 더 생각을 내어 달려 보면 어떨까? '더러움'의 느낌을 완전히 뒤집어 보는 것이다. 두려움의 에너지를 생명력과 새로움, 창조적 활동의 에너지로 전환하는 발상을 해 보자는 것이다. 사실 적당히 더러워야 면역력이라는 것이 생긴다. 또한 더러움은 활동력, 생명력의 결과일 수 있다. 개구쟁이들은 말끔하지 않다. 뭔가 흐트러지고, 땀이 나고, 더럽혀져 있다. '더럽다.'는 말을 이미지와 위생, 안전과 건강염려로 연결하지 않고 다르게 바라보면 어떨까?

〈개구쟁이 산복이〉라는 동요가 있다. "이마에 땀방울 송알송알, 손에는 땟국이 반질반질, 맨발에 흙먼지 얼룩덜룩, 봄볕에 그을려 가무잡잡, 멍멍이가 보고 엉아야 하겠네. 까마귀가 보고 아찌야 하겠네."(이문구 시, 백창우 곡)라는 가사가 나온다. 요즘 아이들은 멍멍이가 엉아야 할 일도, 까마귀가 아찌야 할 일도 없다. 코로나 팬데믹 이후에는 위생과 청결에서는 시골과 도시가 따로 없다. 산으로 들로 해가 지는 줄 모르고 뛰어다니며 흙먼지에 뒹굴며 놀던 까맣게 탄 아이들은 이제 할아버지들의 어린 시절에서나 있던 옛날 옛적의 일이 아닐까 싶다. 개구쟁이가 보기 어려운 시대가 되었다. 그렇게 열심히 놀고 돌아온 아이는 꼬질꼬질한 먼지와 땀내를 씻기는 엄마 손에 등짝을 맞으면서도 즐거운 탐험을 추억하며 새로운 탐험을 궁리한다. 말끔하게 변신한 얼굴, 손과 발은 곧 또 다른 탐험의 먼지로 더럽혀질 것이다. 그렇게 아이는 계속 자신을 더럽히면서 성장한다.

꼬질꼬질한 개구쟁이 모습은 열심히 뛰어 노는 아이들의 건강함을 나타낸다. 마음껏 내달리고 뒹굴며 더럽혀지는 것은 아이다움의 자유분방한 결과이다. 아이들은 뭐든지 만져보고 들춰보고 묻히고 찍어 먹고 아무 데나 주저앉고 뒹군다. 천방지축! 자유분방! 개구쟁이는 세상 가릴 것 없는 호기심과 자유로운 짓들로 세상을 가지고 놀며 세상과 사랑에 빠진다. 그러다 보면 옷도 더러워지고 손도 더러워지고 신발도 더러워진다. 더러워진 손과 신발만큼 아이들은 세상을 더 많이 다루고 더 많이 알아간다. 더 많은 경험 속에서 자신을 발견하고 자신과 세상을 다루는 능력을 또 기웠을 것이다. 그렇게 더러움은 창조적인 능력을 발휘한 왕성한 활동성과 생명력의 결과이고 조건이다. 그래서 더러움은 생명력이 높아지는 과정에 필수불가결한 요소가 된다. 신발을 더럽히지 않고는 새로운 곳에 발을 들일 수 없다. 손을 더럽히지 않고는 새로운 것을 탐험할 수 없다. 입을 더럽히지 않고는 새로운 것을 맛볼 수 없다. 더러움은 새로움의 과정에서 자신을 낯선 것에 오염시키는 것이다. 그러면서 새로운 것에 면역이 생기고 새로움을 자신의 능력과 자원으로 삼아서 적응하며 발달하고 자신을 확장해 가는 것이다. 그것이 발달이고 진화이고 생명의 힘이 아닐까?

'이게 뭐야? 열심히도 놀았네!'
'이게 뭐야? 맛있게도 먹었네!'

이쁜 짓을 해야

"이쁜 짓을 해야 이뻐하지!"
"사랑받을 짓을 해야 사랑하지!"
엄마들이 자주 하는 말이다.

정원을 가꾸는 세 여인을 소개한 프로그램이 있었다. 그녀들은 하나 같이 정원을 가꾸며 들꽃, 들풀에 의미를 부여하고 자신들의 철학과 인생을 녹이며 가꾼다. 그 꽃과 풀들은 사랑받을 짓을 해서 가치 있어진 것 같지 않다. 그녀들의 돌봄으로, 그녀들의 눈맞춤, 입맞춤으로 이쁜 들꽃, 사랑스러운 들풀이 되었다. 하루하루, 계절과 해를 바뀌는 동안 꾸준하게 한결같은 관심과 사랑으로 매만지고 돌보는 정성과 땀방울을 아끼지 않았다.

그저 평범하게 지나칠 그런 들풀과 들꽃과 나무들이 그녀들의 정원에서는 싱그러움과 희망을 일으키는 사랑스러운 존재들로 빛이 난다. 다가오는 이들과 자신을 찾는 모든 존재들에게 정겹고 사랑스러운 몸짓을 보낸다. 이쁜 짓을 해서 이뻐하는 것이 아니라, 이뻐하면 이쁜 짓을 한다. 사랑받을 짓을 해서 사랑하는 것이 아니라, 사랑하면 사랑받을 짓을 한다.

아이들은 자신의 사랑이 부모에게 전달되지 않을 때, 받아들여지지 않을 때, 느낌이 좋지 않을 때, 의심받을 때, 오해가 쌓일 때.

'내가 사랑받지 못하는구나.'

'내 사랑이 무가치하구나.'

'내 사랑은 나쁘구나.'

'내 사랑은 위험하구나.'

'나는 사랑스럽지 않구나.'라는 생각과 의심을 하게 된다. 이런 사랑의 의심은 이 세상의 모든 사랑을 외면하게 만든다. 의심하게 만든다. 부모와의 관계에서 주고받은 사랑받는 느낌과 기쁨을 경험한 아이들은 사랑의 스승이 된다. 이 땅의 모든 아이들이 위대한 사랑의 스승이 되길 기도한다.

사랑하면 사랑스럽다.

사랑하면 못 보던 사랑이 보인다.

사랑하면 사랑받을 짓을 한다.

이뻐하면 이쁜 짓을 한다.

자기 주도 학습
vs
자기 탐색 학습

　자기 주도 학습은 어떻게 가능할까? 제발~ 공부해라! 공부해라! 잔소리하지 않고, 신경 쓰지 않아도 스스로 되는 날이 올까? 부모들 입장에서야 아이가 그렇게만 해 준다면 세상 편한 게 없겠지만 아이들 입장에서야 공부는 싫고 알아서 하는 것만큼 세상 힘든 게 없다. 결론적으로 말하면 '자기-주도-학습'은 충분한 '자기-탐색-학습'이 이루어진 후에야 가능하다. 그래서 그렇게 공부를 시키고 싶고, 알아서 하기를 바란다면 '자기-주도-학습'이 가능하게 되는 과정을 세밀하게 뜯어 볼 일이다. 우선 나누어 생각하고 과정을 검토해야 한다. 하나하나 따져 묻고 생각을 검토하고 방법을 수정하고 새롭게 해야 할 것들이 많다. 하지만 부모들의 공부 열정, 사교육, 입시 교육, 대학 서열 등 한국 사회의 교육 문제들을 다 따져 다룰 수는 없다. 다만, 아이들을 공부시키는 부모의 역할과 책임이 힘든 전쟁과 불안으로 점철되지 않기를 바라는 마음이다. 그러기 위해 기초와 출발을 다시 묻고 생각해 보자는 것이다. 기초가 중요하지 않나?

사람은 배워야 하고 배우는 것은 모두 공부이다. 학습이라는 말에는 가르치고 넣어 주면 될 것이라는 주입식의 느낌이 있다. 그래서 좀 완화하기 위해 스스로 알아서 하는 자기 주도를 강조한다. 그런데, 무엇보다 '학습', '공부' 이전에 '주도'가 있고, '주도' 이전에 '자기'가 있다. 굳이 공부를 하려면 먼저 '자기' 공부가 먼저이고, '자기'를 알려면 우선 살피는 '탐색'이 먼저이다.

　'자기'-'주도/탐색'= '학습'. 거꾸로 가 보자. 더 밑으로 가 보자. 학습이라는 공부, 배움은 어떻게 출발하고 진행되는지, 그 이전에 주도하기 위한 독립적, 자율적 능력은 어떻게 획득되고 발달하는지, 그 밑으로 무엇인가를 주도하고 끌고 가는 '자기'는 어떻게 형성되고 발달하고 성장 통합되어 가는지, 들여다보지 않고 그저 알아서 공부해라~? 될 턱이 없다. 기초가 중요하다고 하지 않나? 그러니, 학습이나 공부는 내려놓고 아이를 잘 살피자. 학습지 내려놓고 아이가 자기를 잘 알아차리는 공부를 시작해 볼 일이다. 나는 내 아이를 얼마나 잘 알고 있을까? 나는 나를 얼마나 잘 알고 있을까? 묻지도 따지지도 말고 공부를 강조해서 될 일이 아니지 않나? 학습이 서 있는 기초를 잘 세워야 공부도, 자기 주도 학습도 가능하지 않을까? 부모를 위한 공부가 아니라 아이가 자기를 위한 공부, 자기가 자기를 위한 공부를 하기를 바라는 것이 아닌가?

　자기 탐색 학습이 잘 성취되지 못하면 자기 주도 학습은 쉽지 않다. 자기 탐색이 충분하지 않으면 자기 주도는 힘을 잃는다. 무엇인가를 주도하려면 잘 알기 위한 탐색이 선행되어야 한다. 잘 탐색하고 잘 알면 잘 주도할 수 있다. 그래서 '자기 주도'보다 선행되어야 할 것이 '자기 탐색'이다. 자기 탐색은 어떻게 할까? 아이가 스스로 잘할 수 있을까? 그렇지 않다. 자기 탐색 학습의 중심은 엄마이다. 자기 주도는 아이가 중심에 있지만 자기 탐색은 엄마가 중심에 있다.

아이 중심으로 가기 전에 엄마 중심을 거쳐서 가야 한다. 엄마 선행이 있다. 아이 주도 이전에 엄마 주도가 있다. 엄마 선행이 있고, 엄마랑 동행이 있고 난 뒤에 아이 홀로 걸어갈 수 있다. 자기 탐색 학습은 아이의 욕구와 감정을 잘 반영해 주고, 수용해 주고, 만족시켜 주는 충분히 좋은 엄마가 옆에 있을 때 성취될 수 있다. 그래서 자기 탐색은 엄마가 중심이다. 엄마가 탐색해야 아이도 탐색할 수 있다. 엄마가 공부해야 아이도 공부할 수 있다.

자기 탐색 학습은 내가 원하는 것이 무엇인지, 감정이 어떤지를 내가 잘 알아차리는 것이다. 그 과정은 엄마가 주도하게 되고 한동안 엄마와 함께하게 된다. 그래서 '자기'와 '자기 탐색' 과정에는 엄마가 중심이다. 어찌 되었든 자기를 잘 알아야 자기의 그것을 요구하고 주장하고 충분히 충족하고 만족할 수 있게 된다. 감정과 욕구를 알아차리고 적절하게 처리하고 충족하는 능력과 기술은 감정과 욕구가 충분히 수용되고 만족스럽게 될 때 발달한다. 누구에게서? 엄마에게서!

자기 탐색은 즐겁고 만족스럽고 편안해야 한다. 거절과 거부, 좌절과 박탈이 많을수록 불안과 분노와 슬픔 등의 힘이 커지고 이것을 다루고 처리하느라 충분히 만족스러운 자기 탐색 학습이 잘되지 않는다. 만족감과 편안함이 많아지고 즐거움과 행복감이 늘어날수록 아이는 내가 나라서 좋고, 그런 나를 좋아하고 만족시켜 주는 엄마가 좋다. 그런 좋은 관계를 경험하고 만족해하는 자기가 커지고 자존감이 점점 확장된다. 그렇게 '나'다운 '나'만의 '나'라는 개성화와 개별화를 성취하게 된다. 탐색하고 주도하는 '나=자기'가 건실하게 자라는 것이다.

자기 탐색 학습의 기초가 튼튼하고 든든하게 다져지고 나면 자기 주도 학습은 저절로 발현된다. 엄밀하게 말하면 원하고 느끼는 '나'라는 주체가 형성되는 과정이 우선되는 것이다. '나'를 알아차리는 자기가 든든하고 좋은 느낌으로 서 있어야 탐색도 주도도 학습도 할 것이 아닌가? 나와 엄마 관계의 좋은 것들이 모여 조금씩 더 큰 나를 경험할수록 다른 사람들도 나같이 엄마같이 그렇게 좋을 것으로 예상하게 된다. 그런 사람들이 있는 세상도 좋은 것으로 경험할 것이라는 기대치가 커지게 된다. 나도 좋고 너도 좋고 우리도 좋고 세상도 좋은 것이라는 믿음과 기대가 자연스럽게 많아진다.

이렇게 자기 탐색이 성공하고 잘 성취된 아이는 나와 엄마의 좋은 관계를 세상으로 확장하게 된다. 더 큰 세상을 향해 좋은 자신을 확장할수록 좋은 만족과 성취의 결과를 얻고 즐거움이 커진다. 세상을 향한 좋은 기대는 호기심이 되고 만족과 성취의 즐거움은 열정이 된다. 그런 호기심과 열정이 자연스럽게 일어날 때 소위 '자기 주도 학습'이라는 것이 일어나게 되는 것이다. 물론 자기 탐색의 과정은 환상과 현실을 오가며 수많은 만족과 좌절의 연습을 거치며 다져진다. 그러나 전반적으로 좋고 만족스럽고 편하고 즐겁고 행복한 것이 조금 더 많아야 한다.

자기 탐색이 충분하지 않은 아이에게 자기 주도 학습을 하라는 것은 걷지도 못하는 아이에게 뛰라는 것과 같다. 자기 탐색에서 핵심은 아이의 탐색을 돕는 엄마의 역할이고 엄마와의 관계의 수준과 질이다. 부드럽고 안정적이며 충분히 좋은 엄마는 그대로 아이의 맘으로 들어가 아이의 자기감을 형성한다. 감정과 욕구를 이해하고 만족하고 조절하고 처리하는 능력은 곧 엄마의 내면의 심리적 수준을 그대로 보여 준다. 엄마가 선행이고 엄마가 공부해야 하는 이유다. 꽃게 엄마가 자신은 옆으로 걸으면서 아기 꽃게에게 똑바로 걸으라고 할 수 없는 일이다. 엄마가 행복해야 아이가 행복하다.

자기 주도 학습은 어떻게 해야 될까? 자기 주도는 아이가 중심에 있다. 아이의 성격과 수준과 특성에 따라 '제멋대로' 해나간다. '아이들은 다 계획이 있다.' 사실 자기 주도 학습이 시작되고부터 부모가 할 일은 그리 많지 않다. 필요하다고 요구하거나 묻는 것에 현실적으로 대처하고 지원하기만 하면 족할 수 있다. 공부의 길이 하나만 있는 것도 아니고, 정도가 있는 것도 아니다. 각자의 흥미와 행복을 찾아 열정을 잃지 않고 달려갈 수 있으면 족하다.

얼마 전 TV에서 다이어트에 성공한 네 명의 여자 연예인이 자신들만의 성공담을 나누는 흥미로운 프로그램을 시청한 적이 있다. 그렇게 성공한 그야말로 '살벤져스'들 이야기다. 누군가는 칼로리 계산을 철저하게 해서 먹어라. 누군가는 육류 대신 야채를 마음껏 먹으면서 해라. 또 다른 이는 먹고 싶은 거 다 먹되 하루도 빠지지 말고 운동을 해라. 저녁 6시 이후에만 안 먹으면 된다는 등의 이야기이다. 4인 4색의 각각 모두가 설득력이 있어 보였다. 목표는 '다이어트'지만 각자의 철학도 접근 방법도 다 달랐다. 같으면서도 다르고 다르면서도 같은, 다양한 어울림이 있었다. 그녀들의 정보와 수다와 설득에 다 일리가 있었다.

아이들의 공부하는 태도와 방법도 다양하다. 어떤 아이는 노래를 들으면서, 어떤 아이는 엎드려서 공부해야 공부가 잘된다. 먹으면서 해야 잘되거나, 친구랑 같이 해야 공부가 잘되기도 한다. 그런데 엄마들의 생각은 다르다. 책상 등을 켜고, 책상에 바른 자세로 앉아서 중요한 부분에 밑줄도 긋고, 별표도 하면서 꿈쩍하지 않고 해야 제대로 공부하는 것으로 생각하는 듯하다. '나 때'의 향수를 찾듯이 엄마들이 생각하는 공부의 정석과 다른 앵글이 나오면 공부를 제대로 하지 않는다고 의심하거나 다 오답이고 틀린 것으로 처리한다.

그래도 어떻게든 공부하려는 것은 다행인데 "우리 애는 내 말을 무시하고, 안 들어."로 결론짓는다. 아이들 처지에서는 "엄마는 공부를 하고 있어도 뭐라고만 해."라는 대화 패턴의 공식이 반복되면서 불안과 잔소리의 공격받는 정서가 계속 소용돌이친다. 그런 반복적인 경험이 공부에 대한 반감을 갖게 한다.

뇌에는 편도체라는 기관이 있다. 위험을 지각해서 경각심을 일으키고, 불안과 공포를 점검하며 비슷한 상황이 될 것 같으면 기억하고 있다가 위험을 지각하고 피하게 된다. 심하면 공부는 흥미로운 것이 아니라, 엄마와 나를 갈등 속으로 밀어 넣고, 날 힘들게 하는 것이라고 공식화될 수도 있다. 엄마들은 자식 키운 보람도 없이 말도 안 듣고, 머리 컸다고 엄마를 무시한다고 생각하고 한탄한다. '살벤져스'의 이야기처럼, 자기에게 맞은 방법이 있다. 자신이 하고 싶은 방법이 있다. 아이들에게는 다 계획이 있다.

엄마는 '자기 탐색'이나 '자기 주도'보다 그저 '학습'에만 관심이 있는 듯하다. 아이의 '자기'도, '탐색과 주도'의 성장하는 과정도 모두 '학습'으로 대신하고 보상될 수 있을 것처럼 생각하는 듯하다. 아이들을 학습에 내 몰기 전에 아이의 성격과 기질이 어떤지, 어떻게 하는 것이 효과적인지를 잘 연구하고 대화하는 게 먼저다. 공부 성공담으로 나온 어떤 사례를 내 아이에게 적용하기 전에 자녀에 대한 이해를 높여야 한다.

'다른 아이는 되는데 너는 왜 안 되냐?'는 식의 비교는 생각으로도 말아야 한다. 마음으로 반항심만 높이라는 주문을 외는 것과 같다. 비교는 물건을 구입할 때, 질과 양과 가격 중 무엇을 우선할지 선택하려 할 때 하는 것이다. 아침 출근길 어떤 옷이 더 잘 어울리는지 코디할 때 쓰는 단어가 비교다. 아이는 세상 그 누구와도 비교될 수 없는 온전하고 유일한 그 자체이다. 아이들의 개성화와 개별성을 존중한다면 누구와도 비교하면 안 된다. 형제간에도, 친구 간에도, 최근 유행하는 '나 때'도 안 된다. 우리가 좋아하는 자기 주도 학습은 개성화와 개별화의 성취 이후에 할 수 있다. 충분한 자기 탐색이 연습된 후에 내가 정말 무엇을 좋아하고 잘하는지 알아가고 찾아가는 과정에서 누군가를 위한 공부가 아닌 나를 위한 공부, 누구에게 보여 주려는 공부가 아닌 나의 호기심을 충족하는 공부, 자기가 중심에 있는 그런 자기 주도 학습! 스스로 알아서 주도하는 공부.

자기 주도 학습은 자식 주도의 학습이 아닌, 자기 탐색 학습을 잘 도와준 부모에게 주어지는 선물 같은 것일지도 모른다. 부모인 내가 나를 알고, 내 자녀를 잘 이해하는 데서 피어오르는 자기 주도 학습! 아이들도 다 계획이 있다.

저 말 잘해요

    언어 발달과 관련해서 걱정하는 부모들이 많다. 언어 발달의 과제로 인해 의사소통, 상호작용, 사회성 등의 어려움이 복합적으로 연결되어 나타나지 않을까 걱정도 많다. 최근에는 코로나 시기에 마스크를 착용했던 경험이 아이들 언어 발달에 필요한 입 모양 관찰과 모방을 방해했다는 연구까지 나오면서 유치원에서 언어 발달을 지원하는 프로그램까지 실행되기도 한다.

    조음으로 인한 소통의 어려움, 말을 더듬거나, 선택적인 언어 표현, 표현 언어의 지연 등이 있는 경우 반드시 점검이 필요하다. 늦되는 아이들이 있고, 늦되는 아이가 늦게라도 유창한 언어 표현이 드러나면 감사한 일이지만 늦된 아이가 그 상태로 굳어지거나 언어로 인해 또 다른 발달상의 어려움이 순차적으로나 복합적으로 다른 어려움들을 초래할 수 있으니 일찍 개입하고 도움을 주는 것이 지혜롭다.

    아이가 말한다는 것은 발달적으로 상징하고 의미하는 바가 크고 깊다. 언어 사용의 정도와 발달 정도를 점검하는 것만으로도 복합적이고 다양한 아동의 발달 정보를 확인하고 진단하고 해석할 수 있다. 그래서 언어적 어려움은 단순히 말을 하거나 안 하거나 늦거나 빠르다는 식으로 단순하게 처리할 수 없는 것이 사실이다.

언어적 어려움의 진단과 치료에 대한 다각적인 접근에도 불구하고 먼저 점검되어야 할 한 가지를 꼽으라면 단연 '정서적 안정감'이라고 할 수 있다. 1순위가 잘 해결되면 이차적 어려움은 자연스럽게 극복되는 경우가 많아 보인다.

기적적인 사례를 보자! 남매를 키우며 30대 중반의 엄마가 있다. 밝고 적극적인 성격으로 자기 역할에 충실한 그 엄마는 친정 부모님 모두가 청각-언어 장애를 가지고 계신다. 듣는 것도, 말하는 것도 자유롭지 않은 부모 밑에서 자랐다. 말하지 못하는 아빠와 듣지 못하는 엄마 사이에서 오빠와 함께 자랐다. 친정 부모님은 어릴 적에는 듣고 말하는 것이 되었는데 자라면서 열이 높은 병을 앓고 청각과 언어적 기능을 잃게 되었다고 한다.

그런 장애가 있는 두 분이 만나 아이를 낳고 자녀를 키우는 데 얼마나 어려움이 컸을까! 자녀들은 또 얼마나 힘들었을까? 그러나 딸은 따뜻한 엄마, 내 이야기에 귀 기울여 주었던 엄마를 그린다. 자신의 의사를 표현하는 데는 어려움이 없었던 아빠를 기억한다. 듣지 못하고 말하지 못하는 부모에게서 성장한 딸은 크게 말한다.

"저 말 잘해요."

"개그맨 할 만큼 유머 감각도 있어요."

"느낌을 알면 말하는 거랑은 상관없는 것 같아요."

언어적, 인지적 문제가 없이 어떻게 말을 잘하게 되었을까? 그렇다. 마음으로 느끼고 마음으로 소통하면 우리가 흔히 말하는 장애의 장벽도 뚫리는 기적을 본다! 말 잘하는 아이는 먼저 마음으로 듣고 말한다! 따뜻하고 부드러운 마음의 연결, 정서적 안정, 그 연결된 느낌은 아이가 가지고 태어난 언어적 잠재력을 자연스럽게 꽃피우게 했으리라. 그러니 언어로 인한 사회성의 어려움은 마음이 특효약이다! 오늘도 그녀는 많은 사람들에게 마음을 더하는 말을 건넨다! 부드럽고, 따뜻하게, 재미있게~!

제발 오늘만 〈타요〉 보면 안 돼요?

자녀를 향한 부모들의 공부 욕심은 조절하기가 참 어렵다. 물론 여기서 말하는 공부란 인생 전반에 걸친 어떤 배움을 이야기하는 게 아니다. 학습 능력, 그것도 인지적인 문제풀이와 암기의 어떤 부분 이다. 물론 그 끝에는 대학 입시를 위한 시험으로 모아져야 하는 것 들이다. 이런 공부에 대한 관심과 의지는 어떤 계기가 되었든 한 번 발을 들이고 나면 헤어 나오지 못하는 늪이 된다. 이런 공부를 중심 에 놓고 아이를 보게 되면 공부는 마치 블랙홀이 되어 부모와 아이 의 다양하고 즐거운 일상의 빛을 모두 빨아들이는 것 같다. 공부에 대한 불안과 욕심은 무한한 욕망의 블랙홀이 된다. '건강하게만 자 라다오.' 했던 마음이 언제였는지 공부의 욕망에 사로잡힌 부모는 기억하지 못한다.

5살 딸아이를 둔 엄마가 말한다. "영어는 어릴 때부터 시켜야 한 다는데.", "공부를 잘하려면 기초를 잘 다져야 하는데.", "공부를 잘해야 앞으로 편안한 삶이 담보될 것 같아요." 공부의 기본기와 기초를 제대로 잡아서 습관이 되게 해야 한다는 신념을 가진 이 엄마는 아이에게 어려서부터 학습 위주의 공부를 위한 열심을 다했다. 텔레비전은 창고방으로 들어가게 되었고, 유치원 가기 전에 아침에 1시간 책을 읽고 등원하기 같은 것들이 생겨나기 시작했다. 집에 손님이 오기로 한 날에는 하원하는 차 안에서 그날 풀어야 하는 문제집을 풀어야 한다. 동생은 놀지만 큰 아이는 학습지 분량을 채워야 한다. 공부는 점점 모든 일에 선행조건이 되어 갔다. 심지어 엄마와 아이 사이의 정서적인 교감과 거래도 공부의 조건이 충족되었을 때에만 연결될 수 있었다. 엄마에게 자기 자신과 어떤 요구가 거부되거나 거절되지 않으려면 공부의 조건과 과제를 통과해야만 했다. 그래도 원하는 것을 얻기 위해서는 하지 않을 수 없었다. 기본적으로 주어져야 할 당연한 것들이 어렵게 얻어야 하는 어떤 힘든 것들로 공부와 연결되어 색깔이 바뀌고 있는 중이었다. 공부는 사랑과 만족을 얻기 위한 조건이거나 가로막는 장애물이 되었다. 아이는 행복하지 않았고 뭐든지 시큰둥해졌고 아프거나 힘든 일들이 많아졌다. 엄마와의 갈등도 점점 심해져 갔다. 엄마를 이길 수 없는 아이는 그저 따르는 것 같지만 잘 하지 않는 것으로 천천히 하는 것으로 하면서도 힘들게 하는 것으로 자신과 엄마 사이의 불편함을 드러내고 있었다. 그렇게 한참을 씨름하고는 상담실을 찾게 되었다.

상담을 하면서 아이의 상태에 대한 이해와 어려움을 완화하기 위한 노력을 해 보기로 하면서 조금씩 일상의 규칙들을 조정하기 시작했다. 오랜 상담과정을 통해 어렵게 이런 저런 규칙을 정하고 실천하면서 아이에게 텔레비전을 보도록 허락하는 것도 포함되었다. 허락은 했지만 엄마는 해맑게 텔레비전을 보는 딸을 볼 때마다 아이가 바보상자에 현혹되어 멍청해질 것이라는 느낌을 참아낼 수가 없었다. 어느 날 엄마는 기막힌 아이디어를 떠올렸다. 텔레비전도 보여주고 학습 효과도 높일 수 있도록 텔레비전 시청에 영어를 결합하는 것이었다. 바로 '영어 애니메이션'만을 보게 하는 것이었다. 즐거운 텔레비전 시청 시간이 갑자기 영어 동영상 공부가 되어 버렸다. 아이는 견디다 못해 엄마에게 호소한다. "엄마 나 영어 싫은데, 제발 오늘만 〈타요〉 보면 안 돼요?" 딸의 간절함은 공부 기초를 잡겠다는 엄마의 집념 앞에 효과가 없다.

자녀들의 공부 문제는 부모들의 최대 갈등거리가 분명하다. 부모상담을 하다 보면 자주 전달하게 되는 주요 메시지가 있다. 아주 어린 시기가 지나고 나면 아이가 먼저 요청할 때까지, 필요하다고 할 때까지, 지원을 원할 때까지 도와줄 준비만 하고 기다리라는 것이다. 먼저 알아서 챙겨 주면서 아이보다 앞서 가지 않는 것이 중요하다는 지침이다. 하지만 엄마는 "그래도 기본과 기초가 중요한데, 어릴 때 기초와 습관이 잡혀 있어야 고학년으로 갈수록 쉽지 않을까요?"라고 반문한다. 이미 공부에만 초점이 고정된 부모에게 자녀의 발달과 성장의 다양한 측면들은 눈에 잘 들어오지 않는다. 무엇보다 자녀의 입장과 마음이 헤아려지지 않는다. 어느 것이든 기초와 기본을 잘 다져서 자연스럽게 습관이 되도록 하는 것은 물론 중요하다. 그런데 그 기초와 기본이라는 것을 꼭 공부에 먼저 적용해야만 할까?

아이들의 인생에서 우선되는 기초는 공부보다는 아이들의 내면이고 정서이다. 아이들의 마음이다. 아이들 마음이 안정되고 행복해야 한다. '자기존재감', '자기존중감'으로 표현될 수 있는 '나'라는 존재와 가치의 좋은 느낌이 잘 다져지고 튼튼하게 형성되어야 그 위에 무엇이든 세울 수 있다. 건강하고 튼튼한 내가 없이 무엇을 세울 수 있겠는가! 무엇이든 내가 하는 것이다. 공부도 내가 하는 것이고, 내 마음이 하는 것이다. 무엇이든 마음이 먼저 하고자 해야 할 수 있는 것이다. 그러니 모든 것의 기초는 바로 마음이다. 마음이 내켜야 하는 것이고, 하려는 마음을 먹어야 할 수 있는 것이다. 아무리 대단한 선생님과 비싼 과외도 결국 내가 하기 싫으면 그만이다. 공부의 기초보다 더 중요한 기초는 바로 아이들의 마음이라고 강조하고 싶다. 공부 이전에 아이들의 마음이 튼튼하고 건강하게 자라야 공부도 잘할 수 있다.

그렇다면 아이들의 마음은 어떻게 해야 건강하고 튼튼하게 자라도록 도울 수 있을까? 마음의 기초는 어떻게 다질 수 있을까? 의외로 간단하다. 잘 먹어야 잘 크고 건강하듯이 마음도 잘 먹어야 단단하게 잘 큰다. 아이들의 마음은 엄마를 먹고 자란다. 엄마의 마음이 아이들의 마음을 튼튼하게 하는 밥이다. 아이들은 엄마의 마음을 먹고 자란다. 엄마의 마음은 얼굴 표정에서부터 나타난다. 엄마의 말투에서 묻어난다. 엄마의 숨소리에서 드러난다. 엄마의 눈에서 빛난다. 엄마의 마음은 숨길래도 숨길 수가 없다. 노력하지만 결국 드러난다. 이미 아이들의 마음속에 엄마의 마음을 읽는 수많은 데이터가 쌓여 있고, 그것을 감지해 내는 센서는 고도로 발달되어 있다. 마음은 보이지 않지만 엄마가 드러내는 일상의 사소한 행동과 태도에서 엄마의 마음을 읽는다. 저절로 떠오른다. 보기 싫어도 보게 된다. 신경 쓰고 싶지 않아도 쓰인다. 그렇게 연결되어 있는 것이 엄마와 아이다. 아이는 그래서 엄마의 아이이고 엄마는 아이의 엄마이다. 엄마와 아이는 서로를 비추는 거울이고, 자동으로 연결되는 와이파이다. 늘 공유되어 각각 또는 같이 반응하고 움직인다. 연결된 마음으로 마음이 생기고 마음이 자라면서 운명을 결정하는 기초와 토대가 만들어진다. 학습하는 공부는 한참 후에 일어날 일이다. 아이들이 공부하는 최초의 교과서는 엄마이다. 교실도 엄마이다. 선생님도 엄마이다. 엄마는 아이들 공부의 기초이다. 엄마의 마음은 아이가 최초로 전력을 다해 알고 싶은 공부 그 차체이다. 엄마의 마음이 공부의 기초다.

포탄이 오가는 전쟁터에서 공부를 하기란 불가능하다. 총성이 들리는데 음악 감상이 가능하겠는가? 건물이 무너지는데 그림 그리기가 가능하겠는가? 불안하게 흔들리는 마음의 상태로는 아무것도 할 수 없다. 아이의 마음은 엄마가 좌우한다. 엄마의 마음은 아이 마음의 기초가 된다. 엄마의 안정되고 행복한 마음이 웃는 얼굴로 드러나면 그 얼굴과 마음은 아이들이 먹는 밥이 된다. 마음의 밥이다. 편안하고 행복한 엄마를 먹는 아이는 마음이 편안하고 행복하다.

엄마의 마음은 골라 먹을 수 없다. 안 먹을래야 안 먹을 수 없다. 아이는 무조건 엄마의 마음을 먹어야 한다. 엄마 마음은 그래서 아이 마음의 바탕이 되고 마음의 근육이 된다. 엄마의 웃음과 행복을 먹고 마음의 바탕이 튼튼하게 다져진 아이는 엄마와의 행복한 관계를 통째로 자기 내면으로 가져와 자기감의 재료로 삼는다. 튼튼하고 단단하게 다져진 자기감의 바탕 위에 아이들은 자신의 발달에서 중요한 여러 기둥을 세우고 벽을 세우고 지붕을 만들며 '자기'라는 집을 지어간다. 공부는 그 행복하고 편안한 마음의 바탕 위에라야 잘 쌓을 수 있다. 공부를 세우는 기초는 행복한 자기감이고 행복한 자기감은 엄마와의 행복한 관계에 연결되어 있다. 엄마와 아이의 행복한 느낌이 충분히 오가는 친밀하고 부드러운 관계 경험의 습관 위에 공부라는 것이 자발적으로 일어나고 세워진다는 것이다. 그러니 엄마가 공부의 기초를 만들어 주는 것은 맞는 말이다.

그래서 결과적으로 공부의 기초를 만든다는 것은 아이의 마음을 안정되고 만족스럽게 하는 것이다. 아이를 행복하게 하는 것이다. 아이가 안정되고 만족스럽고 행복하려면 엄마의 마음이 안정되고 행복해야 한다. 공부의 기초는 엄마 마음의 행복이다. 그러니 엄마가 아이를 공부시키려고 하지 말고 엄마 스스로를 행복하게 아이를 즐겁게 할 수 있는 일에 집중하면 된다.

공부는 교사가 가르치는 것이다. 아이 스스로 하게 되는 것이다. 유아기는 선생님을 만나기 전에, 아이 스스로 공부하기 전에 그렇게 될 수 있도록 기초와 습관을 다지고 연습하는 시기이다. 마음의 기초, 마음의 습관, 마음의 연습이다. 마음의 관계를 놓는 마음 연결 연습이다. 공부의 기초와 습관은 아침부터 저녁까지 세워진 공부 계획으로 만들어지는 것이 아니다. 행복한 엄마, 그런 엄마와의 친밀한 관계 경험, 그 위에 세워진 행복한 나, 그런 내가 스스로 알아서 자기 인생의 행복을 더 확장해 가기 위한 호기심의 한 축에 공부라는 기둥 하나가 자리하게 되는 것이다. 마음이라는 기초와 바탕이 반석같이 튼튼해야 뭘 해도 잘하고 뭘 해도 잘되는 것이다.

평소에 부드럽고 수용적인 엄마들도 자녀의 공부에 관련해서는 무서운 표정과 말투를 보인다. 자칫 중요하고 심각한 분위기가 강조되면 아이 마음에서 공부는 엄마와 나를 행복하게 해 주는 요소가 아닌 불편한 갈등의 요소가 될 가능성이 높다. 공부가 호기심과 알아가는 재미를 느끼는 것이 아니라 불편함과 갈등을 일으키는 부정적인 느낌과 힘들게 하는 느낌으로 계속 힘을 받게 되면 앞으로 공부를 잘하기는 틀렸다고 알면 된다. 공부만 나타나면 엄마의 얼굴 표정이 달라지고 괴로운 전쟁이 시작된다. 그렇게 되면 공부의 습관이 생기는 것이 아니라, 아이 마음의 기초를 만드는 정서적 기억과 느낌 속에 공부는 괴로운 것, 힘든 것이라는 습관적 사고를 만들어 낸다. 그래서 공부는 자기 것이 아닌 무서운 엄마의 비위를 맞추기 위한 수단, 원하는 것을 얻기 위해 조건화된 수단이 된다. 이렇게 공부의 기초와 습관은 마음의 기초와 관계의 습관 위에 자리 잡는 것이다.

공부가 엄마의 불안에서 출발해서 경제적 성공을 목표로 하는 것도 재고할 일이다. 자신과 세상이 만나는 모든 부분에서 공부와 학습은 평생의 즐거움이 되어야 할 것이지 평생의 괴로움이 되면 곤란할 일이다. 궁금하고 알고 싶고 알아내려고 집중하고 애쓰고, 알아내서 즐겁고 기쁘고 신나는 경험이 자연스럽게 연결되어야 평생 궁금하고 이해하고 재미있는 일이 된다. 배우고 알아갈수록 신나게 열리고 보이고 확장되는 자신의 내면과 삶을 보는 눈이 넓어지는 즐거움을 뺏을 길이 없다. 말릴 장사가 없다. 그렇게 알아차리고 문제를 스스로 해결해 가는 능력은 단순히 시험 문제를 풀어서 점수를 높이는 공부로는 쉽게 얻기 힘든 것이다. 기초가 다르기 때문이다. 공부는 인지적 속도도 중요하겠지만 다양한 양질의 정보들과 그 정보들을 처리하는 통합적 기능으로서 마음의 안정과 자율성이 무엇보다 튼튼해야 한다. 그 마음의 기초가 엄마와의 관계에서, 엄마 마음의 행복을 통해 만들어진다는 것은 참 신기한 일이다. 똑똑하고 교양 있는 엄마도 중요하지만 부드럽고 안정감이 일관적인 행복한 엄마도 중요하다. 행복이 순서상 먼저다. 행복하고 부드러운 마음에 교양도 지식도 쌓아야 통합적으로 똑똑한 아이를 볼 수 있다.

아이가 처음 만나는 세상은 엄마의 얼굴이다. 그 세상이 평안하고 부드럽고 행복해야 한다. 만나고 배우고 알아가는 과정이 행복하고 평안하고 즐거워야 한다. 엄마가 먼저 행복하고 엄마와 함께 하는 것이 즐겁고 행복해야 한다. 그리고 엄마와의 안전하고 행복한 관계를 기초로 더 넓은 세상과 사랑에 빠지는 호기심 펄럭일 때, 아이들의 공부는 "혼자서도 잘해요." 할 만큼 저절로 나아간다. 그러니 오늘은 제발! 아이와 함께 〈타요〉를 보며 즐겁게 웃어 보는 공부를 엄마가 먼저 도전해 보자!

집 밖은 위험해

패셔니스타 아이가 있다. 머리 스타일에서 양말까지 옷을 입는 것이 남다르고 멋스럽고 독특하다. 엄마의 감각이 아이에게서 꽃을 피운다. 엄마와 아들이 함께 서면 그대로 모델이 된다. 함께 걸으면 그대로 패션쇼가 된다.

그러나 초등 1년이 된 아이는 집 아닌 밖이 다 낯설고 어렵다. 아이는 엄마 없이는 혼자서 걷지 못한다. 스스로 알아서 하는 것이 너무 적다. 손이 없고, 발이 없어서가 아니다. 엄마가 혼자 하도록 놔두지 않는다. 정수기 물도 엄마가 따라주고, 잘못 채워진 단추도 엄마가 채워 준다. 아이는 젓가락 사용이 서툴러 에디슨 젓가락으로 힘겹게 연습한다. 그런 아이를 바로 보는 엄마의 마음은 금방이라도 더 쉬운 젓가락 연습 도구를 만들어 내고 말겠다는 듯 애절하다.

엄마의 에너지는 온통 아들에게 집중되어 있다. 너무 당연해서 자신이 그러고 있는 것을 인식하지 못한다. 일상과 삶이 그렇게 자연스럽다. 엄마는 심리적 독립에 필요한 아이만의 좌절을 견디지 못

한다. 적절한 좌절을 허락할 용기가 없다. 아이의 좌절은 엄마의 좌절이 된다. 아이에게 그런 좌절을 주고 싶지 않다. 힘들고, 어렵고, 실망하고, 고생되는 좌절감을 아이가 느끼기도 전에 엄마 마음이 먼저 무너진다.

아이를 위해서 돕는다고 하지만 엄마 자신이 그런 좌절을 견디는 힘이 부족할 수 있다. 아이보다 엄마 마음에 좌절이 더 많을 수도 있다. 엄마에게 많은 마음속 좌절 경험을 아이에게 주지 않고 싶은 마음이 결국 아이 자율성의 발목을 잡고 스스로 걸을 수 없다는 좌절을 증가시킨다. 좌절을 주고 싶지 않은 엄마의 마음이 더 깊은 차원에서 아이에게 벗어날 수 없는 엄마의 좌절을 경험하게 한다.

아이는 서너 살배기가 하는 구슬 꿰기 놀이에 성공하고 뛸 듯이 기뻐한다. "와! 다 끼웠다. 혼자서 다 끼웠다. 나도 혼자 할 수 있어요." 생애 초기에는 엄마가 아이의 팔다리를 대신해서 충분히 돕고 역할을 해 줘야 한다. 아이가 엄마 품에서 바닥을 기고, 일어서 걷기 시작하면서는 아이에게 자신의 팔다리를 스스로 사용하도록 허락해야 한다. 18개월 전후로 엄마는 아이에게 팔다리의 소유권을 넘겨주어야 한다. 잡고 싶고 만지고 싶은 것을 충분히 만지도록 허락하고, 가고 싶은 곳을 스스로 가도록 허락해야 한다.

위험과 걱정을 이유로 마음에서 아이의 팔다리를 붙들고 있으면 안 된다. 그래서 엄마 품에서 집 안 구석구석으로, 집 안에서 집 밖 놀이터로 나가도록 공간을 넓혀 줘야 한다. 아이가 활동하는 물리적

263

공간이 넓어질수록 심리적 공간도 넓혀 주고 자율성을 높여가야 한다. 아직 도움이 필요하겠지만 마음으로 아이와 엄마가 적절하게 개별적인 존재라는 거리를 인식해야 한다.

분리된 존재로서, 개별적인 한 인격체로서 아이를 인정하고 존중하며 점점 적절한 거리를 유지하며 벌릴 수 있어야 한다. 엄마로부터 멀어질 때도 기꺼이, 돌아올 때도 기쁘게 아이가 맘껏 팔다리를 쓰도록 해 줘야 한다. 아이의 팔다리는 아이의 것이다. 엄마 팔다리는 엄마 것이다. 그 둘이 서로 붙어 있으면 안 된다. 붙어 있으면 혼자 걸을 수 없다. 엄마 없이는 혼자 걸을 수 없다.

품어 주는 사랑 다음, 내어주고, 밀어 주는 사랑이 필요하다. '가봐~! 해 봐~! 해도 돼~! 할 수 있어~! 엄마 여기 있잖아!' 엄마 품이 전부가 되는 품과 사랑은 18개월 전이면 충분하다. 우리 생각보다 아이들은 훨씬 빠른 발달과 성장의 속도를 보인다.

아이가 엄마 품을 원할 때 내어주는 사랑! 무릎에서 밀어주는 사랑! 두서너 발짝 떨어져 있어도 괜찮다는 허락! 뛰어가다 넘어져도 혼자 일어날 수 있다는 경험! 그럴 때 아이는 더 넓은 세상을 탐험하고 엄마를 찾는다. 이 시기의 좌절은 아이로 하여금 엄마의 무릎에 앉아서 눈으로만 세상을 본다! 적절한 실패가 있어야 오감을 통해 세상을 만나게 한다.

아이들은 두 살 무렵부터 현실과의 전투에서 적절히 패배할 필요가 있다. 적절하게 좌절하고, 적당히 실패할 필요가 있다. 넘어질 필요가 있다. 그래야 다시 일어나고 또 점점 성공하고 성취하는 맛을 경험하며 세상 앞에 자신을 단단히 할 수 있다. 그런 아이들에게 부모들은 잘하고 승리하고 성공하는 모델이 된다. 나는 왜 잘 안 되고 실패하지? 어떻게 해야 나도 이길 수 있지? 잘할 수 있지? 그렇게 도전하고 발달하고 성장한다. 물론 아이들이 사춘기, 청소년기에 들어서면 부모들이 아이들에게 적절하게 패배해 줄 필요가 있다. 부모들도 실패하고, 넘어지는 것을 보여 줄 필요가 있다.

그럴 때 아이들은 이제 정말 부모를 넘어서 더 큰 세상으로 발을 딛고 다시 한번 또 다른 도전을 할 수 있게 된다. 인생의 중요한 발달과 성장은 항상 적절한 좌절과 일관성 있는 허용과 신뢰를 통해 성취된다. '가 봐~! 해 봐~! 해도 돼!~. 할 수 있어~! 엄마 여기 있잖아!' 집 밖은 위험할 수도 있지만, 집 안보다 더 위대하고 재미 있을 수 있다.

쫌 엄마의 하루!

평소에 자신의 말투와 표정을 관찰하기는 쉽지 않다. 관찰 후 변화되고, 익숙해지기는 더 어렵다. 어린 자녀들을 키우는 부모들은 대단하다. 대단한 것을 넘어서서 경이롭고 존경스러운 경지다. 화장실 갈 때도 허리춤에 끼고 볼일을 보기도 하고, 자녀들의 식판은 자동차 모양에 엘사 캐릭터 식판을 사용하는 노력을 보이지만 정작 엄마는 밥을 국그릇에 말아서 반찬도 없이 통으로 밀어 넣기에 바쁘다. '리얼 생존!' 최근 유행하는 리얼 생존 프로그램보다 더한 생존이다. 그러다가 아이가 싸우기라도 하면 붙잡고 있던 정신줄도, 인내심도 바닥을 드러낸다. 그렇게 하루가 어떻게 갔는지 돌아볼 여유가 없이 저녁이 된다.

퇴근한 남편은 정리되지 않은 집에 눈살을 찌푸리고, 놀아 달라고 매달리는 아이들을 뒤로하고 자기만의 공간으로 들어가기 일쑤다. '풍성한 식탁은 이상!', '빈약한 식탁은 현실!', '희망과 긍정 품기는 이상!', '절망과 분노 뿜기는 현실!'이 된다.

266

화장실 가려는 엄마를 막아서는 아이 앞에서 엄마는 '쫌 엄마'가 된다. "제발! 쫌 조금만 기다려." 음식을 가지고 장난치는 아이 앞에 쫌 엄마는 식욕을 잃는다. "쫌! 흘리지 말고. 쫌! 얌전히 앉아서 먹어라. 쫌!" 정리하고 돌아서면 다시 펼쳐지는 장난감 도돌이표의 다른 이름은 '쫌'이다. "쫌! 정리 쫌! 하자. 쫌!" 급하게 정리하다 발에 레고 조각이라도 밟히는 순간! 쫌 엄마는 자리에 털썩 주저앉아 발을 부여잡고 신음하며 쫌을 토해낸다. "잠깐이라도 쫌! 쉬자! 쫌!" 쫌 엄마의 한숨과 쫌 엄마의 눈물에 사랑의 묘약이 필요한 때이다.

　그렇게 고단한 엄마의 하루를 응원한다. 진심으로 세상의 모든 엄마는 존경과 위로를 받아 마땅하다. 엄마들에게 조금만 여유를 주자. 쫌! 쫌! 쫌!

초콜릿과 일관성

　큰아이가 4살 때쯤이다. 주변의 엄마들이 아이들의 뇌 성장과 자극에 관한 이야기를 다루는 방문 학습을 시키는 붐이 일었다. 방문 학습의 마케팅 전략은 학습이 아니고 놀면서 배우는 것! 놀면서 공부하기 때문에 창의성이 높아진다는 것을 강조했다. 엄마들에게 이 마케팅은 여전히 효과가 있다. 공부만 시키는 게 아니라, 놀이도 주는 것이다. 어린아이에게 공부를 시키는 죄책감을 놀이가 덜어 주고 놀기만 하면 어쩌나 싶은 불안감을 공부가 잡아 준다. 두 마리 토끼를 다 잡는 일거양득의 효과이다. 주변에서 다 공부시키는 데 내 아이만 뒤처지면 어쩌나 하는 두려움과 조금이라도 일찍 시키면 더 낫지 않을까 하는 욕망에 대한 적절한 대안이라는 것도 바닥에 깔고 있는 듯하다.

　하지만 그땐 몰랐다. 모든 것이 아이와는 상관이 없다는 것을. 필요하지 않거나 도움이 되지 않는다는 의미가 아니다. 마케팅과 전략은 엄마를 향한 것이지 아이를 위한 것이 아니다. 결정권은 아이에게 있는 것이 아니라 부모가 가지고 있다. 모든 학습지와 선행학습이 그렇듯 아이가 원하고 선택하는 것이 아니라 엄마가 주도하고 결정하는 것이다. 물론 아이가 알아서 시켜 달라고 하는 경우는 거의 없다. 부모가 결정해야 하고 제공해야 한다. 하지만 어느 시기에 어떻게 할지는 결과가 말하겠지만 너무 이른 시기에 적용하는 것이 얼마나 바람직할지 따져 볼 일이다.

놀이와 학습의 전략적 컬래버는 엄마에게는 먹히지만, 아이에게는 어림도 없다는 것을 그땐 몰랐다. 물론 이제는 너무 잘 알고 있다. 아이들은 학습을 위한 놀이인지, 놀이를 위한 놀이인지를 감각적으로 구분해 내는 능력이 있다는 것을 믿어 의심치 않는다.

엄마들은 흔들리는 자신의 불안 보따리를, 아이들을 향해 풀어낸다. 내 아이만 뒤처질 것 같은 불안! 홈쇼핑의 눈을 사로잡는 그 상품을 지금 사지 않으면 마치 손해를 볼 것 같은 불안감에 주문 버튼을 누르는 것처럼, 아이에게 엄마의 불안을 담아 달라고 주문하듯이 그렇게 나도 엄마의 불안 안에 큰아이를 담았다.

같은 나이 또래의 아이들이 다 하고 있던 방문 학습지를 안 시키면 안 될 것 같은 불안감에 경제적 여건을 넘어서서 강한 실천력을 높인다. 영어 과목이다. 유난히 목소리가 코에 걸려 발성이 좋다. 노란빛을 띤 옅은 갈색 염색이 마치 금발의 영어권 원어민을 만나는 착각을 일으킬 만한 열정 선생님이다. 그러나 불안감과 열등감을 한 방에 극복하려는 엄마의 열정을 이길 수는 없다. 경제적 어려움을 극복하고 학습을 시키는 투자인 만큼 높은 수익률을 기대하듯 열정을 넘어 욕심이 난다. 엄마는 비장의 카드를 꺼낸다.

영어 선생님이 오시기 바로 직전! 평소에 절대 주지 않던! 아니! 먹으면 절대 안 되는! 건강과 치아에 치명적으로 안 좋다며 강조하던! 바로 그것! 달콤함으로 유혹하는 검은빛의 그것! 바로 '초콜릿'을 꺼내 든다. 잘해야 한다. 집중해야 한다. 수업을 잘하고 나면 한 개를 더 준다고 한다. 그렇게 일주일에 한 번 20여 분의 시간이 지난다. 세상에서 엄마 역할을 다한 것만 같은 느낌이 든다.

아이들은 태어나면서 먼저는 우뇌만 쓰는 듯하다. 감각적이고 감성적이다. 좌뇌는 분석적이고 논리적 사고, 추론적 사고로 정보를 처리한다. 우뇌는 감각적으로 느끼고, 시각적 지각이 높으며, 창의성과 호기심을 높여 상상력과 실험적 활동을 충분하게 펼치도록 한다. 우뇌의 기능을 충분하게 사용해서 활동성과 능동성이 만나는 경험을 한다. 호기심이 창의성을 완성하는 경험을 한다.

이 시기는 안전한 양육 환경과 따뜻한 돌봄을 중심으로 영글어 가도록 해야 하는데 부모들은 아이들을 너무 일찍 학습에 노출시킨다. 태어나면서 약 1천억 개의 뇌세포를 가지고 태어나서 25년에 걸쳐서 완성된다. 이 발달 과정에서 중요한 건 우뇌와 좌뇌의 균형을 갖고 성장하도록 지원하는 것이다. 우뇌 발달과 활동에서 할 일을 충분히 하도록 간섭하지 않는 배려가 중요하다. 그래야 좌뇌의 정보 수집과 분석적으로 사고, 예상하는 능력이 향상된다. '몰랐던

걸 알아가는 일은 흥미롭고 재미있는 일이구나!'를 경험하는 것, 부모와의 대화와 관계를 통해, 말하고 생각하는 폭이 넓어지는 것을 경험하는 것, 또래 관계를 통해 나와 다른 친구를 이해하고 받아들이며, 같이 어울리는 법을 경험하는 것은 선행학습으로 될 일이 아닐지도 모른다. 선행학습이 필요한 것은 아이들이 아니라 부모다. 아이들의 발달 연령대별로 아이의 심리와 정서적 발달의 특징과 과제들을 이해하고 부모로서 어떤 마음가짐과 관계적 경험을 제공해야 할지를 먼저 배워 아는 선행학습이 부모에게 필요하지 않을까?

어릴 때 엄마에게서 좌뇌, 우뇌의 통합을 방해받았던 큰 아이는 스무 살이 되어서 그때를 기억하며 두 가지 이야기를 한다. "그때 엄마가 참 신기했어. 절대로 주지 않던 초콜릿을 줘서 좋기는 했지만 먹어야 할지, 말아야 할지 처음에는 망설였어. 물론 그 뒤엔 영어 선생님 오는 날만 기다렸지. 선생님이 와서 뭐라고 시끄럽게 떠들고, 스티커를 엄청 붙이고 했던 것 같은데 하나도 기억 안 나. 그냥 시끄러웠던 것만 기억나." 개인적 경험의 한 사례일 뿐! 실망하지는 말자! 뇌는 자극과 배움을 통해 얼마든지 변화와 성장이 가능하다. 어떤 분들은 일찍부터 영어를 가르쳐서 영어 영재가 되었거나, 성과를 보신 분들도 있을 것이라 짐작한다. 선행학습의 효과를 이야기하려는 것이 아니다. 갑자기 일어나 펄럭이는 엄마의 열등감과 불안감! 지나치게 높이 올라가는 엄마의 기대와 욕망! 그 두 개의 중력이 밀고 당기는 틈에 자녀가 끌려 들어오면 이제까지 잘 유지하던 양육 태도의 일관성이 일순간 무너지게 되고 아이는 큰 혼란과 고통의 소용돌이에 빠지게 된다는 것을 그땐 몰랐다. 아이를 믿어 주고 사랑하고 이해하고 현실적인 돌봄과 안내를 제시하는 엄마의 마음과 품을 한결같이 유지하는 것이 얼마나 중요한 것인지 그때는 몰랐다.

엄마의 두려움과 욕망의 톱니바퀴가 강하게 작동하며 흔들릴 때면 공부, 게임, 청소, 먹거리, 버릇 등 어떤 소재든지 가져와 아이를 불러들이고 엄마의 흔들리는 마음을 아이에게 던진다. 바로 그때, 사랑과 돌봄의 부드러운 일관성은 무너지고 혼란과 고통을 잊게 하는 초콜릿만 남게 된다. 아들은 요즘도 단것과 초콜릿을 찾는다. 물론 엄마도 잘 찾는다. 엄마들의 불안은 알아서 처리하자. 아이를 끌어들이지 말자! 일관성을 무너뜨리고 초콜릿으로 보상하지 말자! 엄마는 초콜릿보다 더 달콤하고 부드럽게 한결같이 좋다!

파김치와 충동성

택배로 파김치가 도착했다. 시골에서 부모님이 담가 보내주셨다. 빨갛게 버무려진 파김치가 먹음직스럽다. 가느다란 파를 하나하나 다듬고 씻어 담근 정성과 노고에 저절로 고개가 숙여진다. 일과를 마치고 이런저런 집안일들을 마무리한 후 밤늦게나 파김치를 정리하게 되었다. 시동생 집 것도 같이 보내오셔서 양이 꽤 된다. 냉장고에 다 들어갈 분량이 아닌지라 오늘 정리를 해서 둘 것은 두고 보낼 것은 보내기로 했다. 김치통을 꺼내어 씻고 나누어 담고 손발이 바쁘게 움직인다. 적당량을 정리해 냉장고에 넣고 시동생네 분량의 김치통이 남았다. 한 번 일머리를 잡으면 제대로 처리하고 마무리해야 하는 성격 탓도 있고, 빨리 정리해서 처리해야 한다는 강박과 충동이 널을 뛰면서 당장 전달해 주고 싶었다. 사실 얼른 처리하고 싶었다. 부모님의 파김치가 도착했고, 다 정리해서 담아 놨고, 적당히 둘 만한 곳도 없으니 얼른 와서 가져가는 게 좋겠다고 연락했다. 지금 당장!

지금 시간은 23시 45분! 충동성에 충실했던 나의 뇌는 시계를 보고 생각이라는 걸 하게 되었다. 잠깐 고개를 흔들어 정신을 차리고는 다시 연락했다. "지금 텔레비전 보고 있지? 그럼 보고 내일 가지고 가요." 시동생은 알겠다며 좋은 밤을 알리는 이모티콘으로 메시지를 마쳤다. 나의 성격적 강박과 충동과 불안은 자동적이고 기계적으로 강력하게 작동한다. 아이들을 키우며 내 아이에게는 어떨까?

엄마들은 말한다. "지금 해, 당장! 엄마 보는 앞에서! 지금 하라고!" 그러면서 말한다. "나 좋으라고 그래? 다 너 잘되라고 그러지!" 그렇다. 엄마도 힘들다. 귀찮다. 피곤하다. 하지만 자녀를 위해서 엄마니까 참아내고 하는 거다. 자녀를 향한 부모의 사랑은 의심의 여지가 없다. 부모가 자녀에게 하는 말, 제안, 지시 아무튼 뭐든지 다, 모두 다 너 잘되라고, 너 좋아지라고, 너의 미래를 생각해서 하는 것이라고 주장한다. 모두 다 자녀를 사랑해서 하는 것이 분명하고 모두 다 자녀를 잘되라고 위하는 것이니 명분은 확실하다 못해 확고하다. 거기에 그동안의 경험과 판단과 정보의 우위에서 다 검토한 것이니 옳고 그름을 따질 것도 없고, 재론의 여지가 없다. 자녀는 그냥 따르면 된다. 말을 들으면 된다.

외향적이고 적극적인 엄마와 내성적인 자녀에게서는 이런 구도가 늘 일상이 된다. 이런 능력 있는 엄마는 늘 일이 많다. 일과 육아를 병행하는 엄마는 더하다. 당장 해야 할 일이 많을 테고, 빠른 일 처리 능력, 타인의 평가에 민감하고, 옳고 그름의 기준도 분명하고 높을 가능성이 크다. 그런 엄마 앞에서 생각을 천천히 하고, 자신만의 방법으로 행동하는 내성적인 자녀는 엄마의 속을 뒤집어 놓을 만하다.

그런데 한 번쯤 질문과 의심을 해 보자. 자녀를 위한다는 노력과 희생 뒤에 엄마의 불안과 충동성이 숨겨져 있지는 않을까? 엄마의 속은 사실 아이가 뒤집는 게 아니다. 엄마 자신이 뒤집힘을 당하는 거다. 반듯하고 옳고 빠른 엄마는 자기만의 속도로 할 일을 다 마무리하더라도 속도감에서 걸리는 묘한 갈등이 일어난다. 알아서 빨리 빨리 처리되고 제대로 바르게 흐트러지지 않았으면 하는 무의식적 작동이 엄마의 내적인 불안과 충동성을 일으키며 강박적으로 속도를 올리며 몰아 달린다. 어린 시절을 엄마 말을 잘 듣고 자란 누군가가 말한다. "나 좋아지려고 그래? 다 너 잘되라고 그러는 거지!"라는 말을 엄마에게 들으면, 어떤 반항도, 거절도 할 수 없었다고 한다. 그런데 그런 말을 듣고 한 일들이 자신에게 기쁨이지 않은 때가 많았다 한다. 때론 억지로, 때론 눈치 보며 그저 기능만을 높이는 일이 된 적이 많다고 한다. "나 좋아지려고 그런다. 그러니 너 말 좀 더 잘 들으면 안 돼?", "나 편해지려고 그런다. 좀 빨리, 지금 바로 해라."는 아닐까?

자녀를 위한다는 핑계로 지나친 희생은 금물이다. 부모의 삶을 보고, '나도 저렇게 살아야지.' 다짐하게 하자! 행복하고, 유연하고, 가볍고, 가치 있게 사는 부모의 삶을 그리게 하는 모범! 자녀를 위한다는 핑계로 부모들의 충동성 포장은 금물이다. 부모의 감정을 솔직하게 표현하고 도움을 요청하는 것도 좋은 방법이다. 부모가 완벽하지 않다는 걸, 앞뒤와 어제오늘의 말이 조금 다르다는 걸, 긴 시간을 부모와 동고동락한 똑똑한 녀석들은 이미 알고 있기 때문이다. "공부하라고!", "운동하라고!", "물 많이 마시라고!", "방 청소하라고!", "인사 잘하라고!" 하는 모든 말들이 "다 너 잘되라고." 하는 말이라고만 우기지 말자. 뒤에는 부모의 급한 마음, 불안한 마음, 조급한 충동성이 출렁이고 있는지 모른다. 양육을 좀 편하게 하고 싶은 아이가 빨리 알아서 자라 주길 바라는 '나 좋자고, 나 편해지자고' 하는 말일지도 모른다.

품과 놀이터

놀이터는 아이들이 노는 곳이다. 그런데 요즘 놀이터에는 아이들 보기가 어렵다. 강아지, 길고양이 배설물을 염려하는 엄마들은 실내 놀이터를 선호한다. 아이들은 언젠가부터 놀이터의 주인공 자리를 잃었다. 하지만 놀이터가 꼭 아파트 단지나 야외 공원에 만들어 놓은 놀이터일 필요는 없다. 꼭 놀이터가 아니라도 안전하게 아이들이 많이 놀 수 있으면 좋은 일이다. 집이 놀이터가 되고 어린이집, 학교가 놀이터가 되는 재미난 상상을 해 보게 된다.

아이들은 노는 걸 좋아한다. 잘 노는 아이들이 잘 자란다. 노는 것이 성장하는 것이고, 노는 것이 행복해지는 것이다. 어떻게 잘 놀게 해 줄까? 어디서 안전하고 즐겁게 놀게 할 수 있을까?

아이들의 놀이는 장소를 가리지 않는다. 아이들의 마음이 놀이를 창조하고, 아이들의 놀이가 놀이터를 만든다. 놀이터에서 만나면 모두가 친구가 된다. 그러니 잘 놀 수 있는 장소를 찾거나 친구를 찾아 줄 것이 아니라. 어디서나 누구와든 잘 놀 수 있는 아이가 되도록 할 일이다. 어디서나 누구와든 잘 노는 아이는 어디서나 누구와든 잘 지내고 즐겁고 행복하리라.

어떻게 하면 잘 노는 아이가 되도록 도울 수 있을까? 잘 놀아 봐야 잘 놀 수 있겠지! 잘 놀아 주면 될까? 아이들의 최초 놀이터는 바로 엄마, 아빠의 품이다. 잘 노는 아이! 아이가 즐겁게 놀 수 있는 엄마, 아빠의 품! 최초의 놀이터에서 잘 놀아 본 아이는 어디서든 잘 놀 수 있다.

날이 좋아서, 꽃이 좋아서, 바람이 시원해서 나들이를 간다. 부모들은 아이들과 놀아 주기 위해서 나들이를 간다. 아이가 어릴수록 나들이를 결정하고 선택하는 주도권은 부모에게 있다. 오랜만의 휴일과 휴가를 아이를 위해서라면 기꺼이 시간을 내고 장거리 운전도 마다하지 않는다. 놀이의 꿈과 환상의 나래를 펴기 위해 떠나는 부모들의 발걸음이 분주하다. 들뜬 마음과 가벼운 발걸음으로 신중하게 선택한 놀이터! 바로 거대한 놀이공원이다.

나들이가 시작된다. 많은 것을 보여 주고 싶은 엄마는 시간의 단위를 쪼개서 볼거리, 탈 거리, 즐길 거리, 먹거리를 챙기고 또 챙긴다. 수동적인 아빠와 함께한 엄마라면 한층 더 분주함을 보일 것이다. 이 시점에서 아이들의 협조가 필요하지만, 아이가 잠들거나, 소개한 볼거리에 관심이 없어 한다면 엄마의 뜨거운 열정은 점점 들끓는 격정이 되어 가족을 향한다. 긴장이 높아지면서 수동적인 아빠가 신중하게 조용히 한마디 던진다. "애가 싫다잖아." 엄마는 눌렀던 압박이 터져 나온다. "애가 싫은 게 아니고 당신이 힘들고 싫은 건 아니야?" 가장행렬을 보며 각 나라의 분장과 다양한 캐릭터를 보며 멋진 환상과 추억을 선물하고 싶은 엄마의 계획은 일찍 집을 나선 피곤함을 못 견디고 잠든 아이 앞에서 무너진다. 흔들어 깨워도 보고, 관심을 유도해 보지만 아이는 요지부동이다. "졸려.", "더워.", "배고파." 부부의 눈빛 안에는 누구의 잘못도 아님을 알지만 누군가의 잘못을 찾고 지적하고 싶은 욕망으로 가득하다. 놀이를 통한 아이의 꿈과 환상을 키워 주고 싶은 열정이 부부싸움으로 끝날 수도 있다.

꿈과 환상의 노력이 상처로 남는 예도 있다. 시골에서 처음으로 서울 나들이를 한 여섯 살 아이가 있다. 아이는 엄마, 아빠의 손에 이끌려 놀이동산에 갔다. 아빠의 직장 모임에서 단체로 간 관광에는 예고도, 아이의 선택도, 정보도 전혀 없는 상태였다. 문제는 관광버스에서 내려 매표소를 지나는 그 입구에서부터 일어났다. 헬륨을 먹고 공중에 두둥실 떠 있는 공룡 인형에 아이의 시선이 꽂혔다. 놀이동산에 들어가면 어떤 꿈과 환상이 펼쳐질지 모른 채 아이는 그 공룡에 맘을 뺏긴다. 아이의 두 다리는 닻을 내린 배처럼 그 자리에 정박했다. 엄마는 달래도 보고 들어갔다 나올 때 사 준다고 약속도 해 보지만 아이는 밧줄을 풀지 않는다. 단체라고 하는 특수한 상황! 타인이 의식되는 아이의 엄마는 "그럼, 너 여기 있어."라고 하는 최후의 으름장을 놓는다. 아이도 맞불을 지핀다. 입을 굳게 다문 채

무거운 고개를 저으며 관광버스로 몸을 옮긴다. 벌서 40여 년 전 일이다. 팔순이 되신 부모에게 그때 일을 말하니 "그런 일이 있었지! 그때 왜 안 사 줬을까? 후회가 되네! 지금이라도 사 줘? 어떻게 생긴 거야?"라 하신다. 아이는 학교에서 소풍으로 놀이동산을 갈 때면 신나는 마음이 없다. 공룡의 기억과 거절의 느낌이 마음속 깊은 저장 공간 안에 자리하고 있기 때문이다.

아이들에게 최초의 놀이터는 엄마의 품이다. 따뜻하고 부드럽고 심장의 떨림이 있는 엄마의 품! 아이들은 위험을 느끼거나 기쁜 일이 있을 때, 자랑하고 보여 주고 싶은 게 있을 때, 제일 먼저 엄마의 품을 찾고 아빠의 팔을 찾는다. 풍성한 엄마의 따뜻한 품과 아빠의 든든한 팔을 경험하고 나면 아이들은 어디서든 누구 와든 잘 놀고 즐거운 놀이터를 창조하는 아이가 된다. 그러니 바쁜 시간, 힘든 용기, 비싼 돈을 들여 특별한 놀이터를 찾아 떠나는 수고를 줄여도 좋겠다. 특별한 것이 꼭 긍정적인 것만은 아니다. 특별하게 마음을 쏟은 것에서는 단 한 번 사 주지 않은 솜사탕이, 부릅뜬 부모의 순간의 눈동자가, 단 한 번의 부모의 거친 말다툼이, 특별한 의도와 노력과 장소와 상관없이 아이 마음속에 특별하게 아픈 어떤 것이 될 수 있기 때문이다. 그러니 아이들을 위해 사서 하는 고생을 멈춰도 좋겠다.

집에서 재미있게 놀면 된다. 집 앞 놀이터에서 재미있게 놀면 된다. 놀아 주는 게 아니고 같이 놀면 된다. 품과 울타리의 경험이 풍

성한 아이들은 어떤 공간도 어떤 사람과도 특별한 놀이터를 창조한
다. 아이들의 마음 안에 있는 품과 울타리의 경험을 믿고 사서 하는
고생 대신 기꺼운 놀이로 집 가까이를 접수하자.

엄마 마음이 합니다

임신과 출산, 육아의 새로운 접근을 시도해 봅니다.
엄마의 마음을 두드립니다.
엄마 마음이 합니다.

이제 심리적 양육을 시작해 보세요.
마음의 양육이 시작됩니다.
아이는 마음으로 키웁니다.
엄마의 마음이 핵심입니다.
마음을 더해서 양육의 수준을 높이고자 합니다.
불안하고 걱정 가득한 마음?
냉랭하고 차가운 마음?
답답하고 열나는 마음?
허무하고 무기력한 마음?
아니겠지요.

안정되고 부드러운 마음입니다.
너무 당연한데 쉽지 않다고요?

마음이 너무 많은가요?
너무 많아서 혼란한가요?
보이지 않고 드러나지 않고
왔다 갔다 혼란하고 종잡을 수 없어서
믿을 수 없나요? 확실하지 않나요?
마음을 양육에 어떻게 사용해야 할까요?
마음으로 아이를 어떻게 양육할까요?
사실 그동안 마음을 너무 소홀하게 대했습니다.
보이지 않는다고 개인적이라고
알아서 하라고 무시했습니다.

평생을 좌우하는 369게임을 잘 풀어야 합니다.
인간의 일생을 좌우하는
36개월의 심리적 발달 비밀을 알아야 합니다.
60개월까지의 심리적 양육의 질이
90년 인생을 좌우합니다.
일찍 할수록 쉽고 돈이 적게 듭니다.
초기 투자로 평생 상한가를 잡아야 합니다.

어머니의 부드러움이 세상을 바꿉니다.
엄마와 아이가 함께 태어납니다.
엄마와 아이가 함께 성장합니다.
엄마가 행복해야 아이가 행복합니다.
엄마가 행복해야 아이가 성장합니다.
엄마가 성장해야 아이가 행복합니다.

이제 양육의 효능감과 질을 높여야 합니다.
엄마의 마음에 길이 있습니다. 답이 있습니다.
멀리서 찾지 마세요. 마음이 합니다.
엄마 마음이 합니다.
어머니의 부드러움이 세상을 바꿉니다.

'어머니의 부드러움이 세상을 바꾼다.'라는 것은 하나의 상징이고 은유입니다. 많은 것들이 담겨 있고 압축되어 있습니다. 어머니가 꼭 엄마일 필요는 없습니다. 아빠이기도 하고, 할머니, 이모일 수 도 있습니다. 부모이고 성인입니다. 안정되고 품이 넓은 애정이 많 은 어른입니다. 아이와 오랜 시간 함께 하며 돌보고 키우는 주 양육 자입니다. 보호적이고 양육적이고 품어 주는 사람입니다. 누구나 어머니의 역할로서 양육자가 될 수 있지만 가급적 엄마이면 좋을 듯

합니다.

부드러움은 엄마의 마음이고 모성입니다. 부드러움은 느낌입니다. 정서입니다. 부드러움은 마음의 사랑입니다. 사랑스러운 웃음이고 다정한 말입니다. 푸근하고 따뜻한 손입니다. 정겹고 갸륵하고 친밀한 길입니다. 마음의 길이고 눈길이고 말길이고 손길이고 발길이고 숨길입니다. 그 길을 따라 오가는 것이 다 정겹고 푸근하고 친근합니다. 부드러움은 품입니다. 넉넉하게 넘치는 품입니다. 풍족함이고 풍성함입니다. 만족과 편안함과 안전함을 제공하는 품입니다.

세상은 아이입니다. 세상은 마음 세계입니다. 동시에 현실적으로 경험하고 살아갈 현실 세계에 대한 느낌입니다. 세상은 아이가 느끼고 살아갈 세상입니다. 마음의 세상이고 정신의 세상입니다. 아이는 엄마 마음에서 삶을 시작하고 살아가니까, 세상은 또 엄마 마음이기도 합니다. 사람은 마음으로 살고 마음에서 사니까 세상은 마음이고 엄마와 아이가 같이 살아가는 세상입니다. 말만 바뀌어서 연결됩니다. 세상은 또 변하고 움직이고 자라고 확장됩니다. 좁은 세상도 있고 넓은 세상도 있습니다. 살만하기도 하고 힘들기도 합니다. 날씨가 좋기도 하고 궂기도 합니다. 춥기도 하고 따뜻하기도 합니다. 아이들이 세상에 삽니다. 세상에 아이들이 삽니다. 그래서 세상은 재미있게 잘 살 수 있는 세상이어야 합니다.

　바꾸는 것은 언제나 가능합니다. 물론 얼마나 걸릴지는 모릅니다. 당연히 좋게 바꾸는 것입니다. 튼튼하게, 아름답게 바꾸는 것입니다. 바꾸는 것은 방해하거나 막지 않는 것입니다. 훼방하지 않는 것입니다. 바꾸는 것은 돕는 것입니다. 아이가 가지고 태어난 잠재력을 저 나름대로 활짝 꽃피울 수 있도록 돕는 것입니다. 결과적으로 정말 바꾸어서 바뀌는 것은 사실 엄마이고 엄마의 마음입니다. 아이의 마음은 엄마의 마음과 연결되어 있고 엄마 마음의 세상과 연결되어 있습니다. 아이의 세상은 엄마가 만들어 주었으니, 세상을 바꾼다는 것은 엄마의 마음을 바꾸는 것입니다. 더 부드럽게 더 우아하게 더 아름답게 바꾸는 것입니다. 아이로 인해 바뀔 수도 있습니다. 아이와 엄마가, 엄마와 아이가 서로에게 부드럽고 아름다운 마음, 사랑을 공유하는 관계로 함께 들어가는 것입니다. 그렇게 바꾸고 바뀌는 것입니다. 다만 엄마가 먼저 해 보고 손을 내밀자는 겁니다. 어른이니까, 엄마니까!

　엄마와 아이는 함께 태어납니다. 아이는 혼자 태어나지 않습니다. 엄마와 함께 태어납니다. 엄마는 아이만 낳지 않습니다. 엄마 자신을 낳는 것입니다. 엄마도 아이와 함께 태어납니다. 아이에게서 엄마는 또 다른 자신을 봅니다. 느낍니다. 그 느낌이 좋을 수도,

나쁠 수도 있습니다. 그 느낌은 나의 느낌입니다. 내가 좋으면 좋고 나쁘면 나쁘게 느낍니다. 생각보다 느낌이 먼저입니다. 느낌이 깊어서 이해하거나 사고하지 못할 수 있습니다.

아이는 혼자 자라지 않습니다. 엄마 없이 성장할 수 없습니다. 엄마가 키우는 대로 성장합니다. 엄마가 먹이는 대로 먹어야 합니다. 독이든 약이든 아이는 선택권이 없습니다. 엄마가 주면, 아이는 넙죽 받아먹습니다. 먹어야 합니다. 그렇게 아이는 엄마를 위해 성장합니다. 엄마의 자랑도 되고 기쁨도 되고 위로도 되고 꿈도 됩니다. 때론 엄마의 근심도 되고 걱정되고 엄마의 공포도 됩니다. 아이는 엄마를 위해 성장하고 무엇이 됩니다. 엄마의 마음이 합니다. 엄마도 아이를 위해 성장합니다. 아이를 통해 성장합니다. 재우고 씻기고 먹이고 안기를 배우고 실행하며 아이가 성장하는 과정에서 엄마도 같이 성장합니다. 배우고 자랍니다. 엄마와 아이는 함께 성장합니다. 엄마가 행복해야 아이가 행복합니다. 엄마가 행복해야 아이가 성장합니다. 엄마가 성장해야 아이가 행복합니다. 두말이 필요 없습니다. 어쩜 이렇게 엄마와 아이가 같이 달라붙어 살아야 하는지 인간은 그렇게 생겨먹었습니다. 그렇게 딱 달라붙어서 생활해야만 합니다. 원리이고 진리입니다.

엄마의 마음에 집중하고자 합니다. 양육의 효능감과 질을 높이면 좋겠다 싶습니다. 그러기 위해서는 더 깊이 있고 다양한 이론과 실제적 적용의 지침과 방식이 새롭게 업그레이드되어야 합니다. 책이 관심하는 것은 양육의 깊이와 질, 수준입니다. 깊이를 더하기 위해서는 마음에 집중해야 합니다. 양육은 대부분 방법론과 겉으로 드러나는 방식에 관심이 모여집니다. 보여지는 '어떻게'에 관심하게 됩니다. 구체적이라는 것도 적용을 위한 방법입니다. 그러나 드러난 행동만이 아니라 보이지 않는 마음에도 '어떻게'와 '구체적'인 것을 적용해서 살펴보자는 것입니다. 마음은 보이지 않는 깊이를 가지고 있습니다. 하지만 아이들은 보이지 않는 마음을 감지하는 능력이 어른들보다 더 뛰어난 것 같습니다.

임신, 출산, 양육의 과정이 공공적, 사회적 주요 과제인지를 심리적 차원에서 다시 재조명할 필요가 있습니다. 한 개인의 문제와 가족의 문제로 맡길 일이 아니라는 것입니다. 임신, 출산, 양육의 과정은 인간이 태어나 성장하고 생활하며 사회의 구성원으로 독립적인 인생을 살아가는 데 있어서 꼭 거치는 필수 코스입니다. 앞으로 이 과정을 선택하지 않고 내일을 살아갈 사람은 있을 수 있어도 이 과정을 거치지 않고 어제를 살아 여기 온 사람은 아무도 없습니다. 인류가 존속하는 한 당분간은 누구라도 예외 없이 이 과정을 거쳐 가게 될 것이고 그 과정의 중요성도 지속될 것이 분명합니다. 더욱이 이 과정을 거치는 동안 받은 어떤 영향이 원인이 되어 인생 전반에 걸쳐 끼치는 영향력은 상당히 결정적이고 중요합니다. 긍정적이든 부정적이든 그 과정의 영향에 붙들리든 벗어나 극복하든지 결과에 상관없이 그러합니다.

임신, 출산, 양육 과정의 영향은 인생 전반에 걸쳐 길게 뻗어 갑니다. 영향의 범위도 한 개인의 인생에 국한되지도 않습니다. 개인의 정체감의 형성과 발달, 성장을 통한 내외적 안녕과 행복, 개인적 성취를 넘어서 사회적 관계로 확대되어 나타나는 영향은 실증적으로 다 밝힐 수 없다 해도 쉽게 간과할 수 없습니다. 어제 없이 오늘 없고 오늘 없이 내일이 없다는 당연하고 평범하고 일반적인 일상을 이제는 좀 더 중요하게 여기고 세밀하게 살피면서 보듬을 필요가 있습니다.

임신, 출산, 양육이 그렇습니다. 누구에게나 해당되지만, 각자에게 내맡겨지는, 누구도 예외가 없는 인간 공통의 과정이지만, 딱히 함께 머리 맞대고 중요하게 공유할 기회가 없는, 우리 모두의 중요한 과제로 함께 보듬고 풀어 나가야 할 과제가 너무나 개인적으로 개체화되어 방치되는 듯한 현실이 너무 아찔하기만 합니다. 아기와 24시간을 보내는 엄마의 몸과 마음이 어떻게 수십 번 바뀌면서 수많은 혼란과 상상과 현실의 어려움을 겪는지는 잘 드러나지 않습니다.

임신, 출산, 양육을 생물학적인 여성 역할과 여성만이 경험하는 과정으로 국한하는 인식도 큰 선입견입니다. 이 과정에는 여성도 있고 남성도 있고 엄마도 있고 아빠도 있고 부모가 있고 자녀가 있습니다. 인간의 탄생과 자기 형성에 있어서 예외 없이 본질적이고 필수적인 주요 발달 과정의 관점으로 임신, 출산, 양육을 보아야 합니다.

이 과정은 개체적, 개별적, 개인적인 관점으로 보지 않아야 합니다. 이 과정은 관계적, 사회적 관점으로 이해해야 합니다. 양성적이고 관계적이고 사회적인 주요 과정입니다. 엄마 없는 아기는 없습니다. 아기는 혼자가 아닌 엄마의 존재와 관계를 전제한 표현으로 이해해야 합니다. 엄마도 생물학적 엄마를 전제하지만 오랜 시간 함께 있으며 아이를 주로 양육하는 사람의 상징으로 보아야 합니다. 이렇듯 한 인간의 탄생과 발달에 있어서 결정적으로 주요한 시기와 과정을 '임신, 출산, 양육'이라는 구체적이고 현실적인 단어로 표현한 것입니다. '여자, 남자, 엄마, 아빠, 부모, 자녀'라는 인간의 생애 초기 자기 형성의 기초적이고 본질적 관계와 과정에 대해 좀 더 자세히 관심해야 합니다. 이 과정의 의미와 가치, 그 중요성과 영향력을 잘 살피고 이해하면서 잘 진행해야 하겠다는 것입니다.

아이를 낳고 키우는 과정에서는 긍정적인 경험도 많지만 사실 힘들고 어렵고 고통스럽기까지 한 일들이 많습니다. 문제는 '이게 뭐지.' 하는 사이에 수많은 일들이 일어나고 지나갑니다. 느끼고 이해하고 대처하는 과정이 복잡하고 혼란스럽게 엄마의 마음을 뒤흔들고 힘들게 하면 육아가 고통스럽게 느껴집니다. 경제적인 뒷받침과 남편의 도움이 없으면 더 악화합니다. 엄마와 아이를 둘러싼 모든 것들이 그 느낌을 중심으로 다시 보이고 해석되면서 좋은 방향에서 긍정적인 느낌과 기능이 발현될지 부정적이고 무겁게 기능들을 방해할지 아무도 알 수 없습니다.

생애 초기 엄마와 아이의 행복한 삶을 더 이상 개인의 영역과 외부적 조건에만 국한해서는 안 됩니다. 엄마가 엄마 역할을 잘할 수 있도록 물리적이고 사회적으로나 경제적으로 개인이 아닌 국가적 정책적, 제도적 지원이 뒷받침되어야 합니다. 점점 그런 사회로 나아가고 있지만 아직은 아주 부족합니다. 물론 점점 국가의 외부적인 지원의 책임의 폭이 넓어져 가겠지만 엄마와 아이를 위한 내면적 깊이에 대한 관심과 정책과 지원도 더 깊어져야만 합니다. 즉, 전문적이고 심리적인 도움이 크게 필요하다는 것입니다. 누구나 겪지만 누구도 함께 중요하게 살피고 공유하지 못했던 인간 내면 형성의 중요하고 결정적 시기인 우리들의 탄생과 성장의 처음 몇 해를 이제는 깊게 자세히 공유하고 살펴야 합니다.

임신, 출산, 양육이라는 과정을 관심할 때 중요한 또 하나의 핵심은 엄마 자신이 아기 때부터 아동기 성격 형성 과정을 거쳐 청소년, 청년기를 지나는 성장 과정의 심리적 과제가 압축되어 표출된다는 것입니다. 개인마다 정도의 차이가 있고, 그것을 처리하고 조절하는 방법과 수준도 다르고 나타나는 양상과 결과도 천차만별이겠지만 중요한 것은 지난 성장 과정의 압축된 심리적 과제가 드러날 수밖에 없다는 것입니다. 얼마나 깊고 아프게 힘들게 또는 편안하게 자연스럽게 의식 못 하고 지나갈 수는 있겠지만 누구나 사춘기를 겪는 것처럼 또 한 번의 인생에서 심리적 폭풍을 마주할 가능성이 어느 때보다 크다는 것입니다. 더 깊게는 자신뿐만 아니라 엄마의 엄마 세대 과제까지 드러나는 사례도 마주하게 됩니다. 내가 결혼하고 아이를 낳는 데 나의 어릴 적 나와 그런 나를 키우던 엄마, 할머니까지 소환되기도 합니다. 물론 무의식 안에서 그렇습니다.

아이를 키우는 초기의 2~3년 동안 자신과 부모 세대 30~60년의 세월이 압축적으로 드러납니다. 그만큼 강력한 심리적 변화와 혼란, 어려움과 고통을 경험하는 경우가 많습니다. 심각하게는 심한 우울증을 경험하기도 합니다. 아이를 키우면서 엄마의 심리적 변화와 혼란은 엄마의 내면적인 수준과 어려움을 반영합니다. 그리고 그 모든 것은 그대로 아이와 연결되어 전달되고 각인됩니다. 엄마의 양육적 역량과 효능감은 경제적인 바탕이 중요하지 않습니다. 물론 현실적으로 경제적 지원과 여유가 아이를 더 잘 돌보고 엄마의 스트레스를 줄이는 데는 유용합니다. 엄마의 만족감과 자존심은 충분히 세울 수도 있습니다. 모자란 것보다야 넉넉한 게 좋지요. 하지만 아이 입장에서는 다릅니다. 아이에게는 심리적 바탕이 중요합니다. 엄마의 마음이 중요합니다. 엄마의 마음 상태가 경제적인 것보다 더 중요합니다. 아이는 자신이 입고 있는 옷의 상표와 값을 알 수가 없습니다. 자신이 먹는 분유의 가격과 품질을 따지지 않습니다. 양육의 모든 것은 먼저 주 양육자가 절대적으로 쥐고 있고 전적으로 엄마가 결정합니다. 엄마의 마음과 품이 결정적입니다. 아이는 엄마의 심리적 상태를 초감각적으로 감지합니다. 아이와 엄마가 무의식적으로 연결되어 함께 주고받는 정보의 양은 5G 이상으로 엄청나게 세밀한 단위로 빠르게 작용합니다. 마음의 차원에서 생각만으로도 심장의 박동만으로도 숨소리만으로도 모든 것이 전달됩니다. 보이지 않는 전파가 온 세계를 하나로 실시간 연결하듯 엄마와 아이 사이의 고유한 와이파이는 실시간 광대역으로 공유됩니다. 바로 거기에 양육의 본질이, 바탕이 숨어 있습니다. 엄마 마음이 합니다.

엄마는 아이의 출생과 더불어 심리적 재탄생의 과정에 들어간다고 볼 수 있습니다. 내가 아이를 낳아서 키우지만 또 다른 내면에서 내가 아이와 동일시되면서 아이로 재탄생하게 되는 것입니다. 그렇게 내가 나의 심리적 수준에서 또 다른 나를 어떻게 다시 키울 것인지 마주하게 됩니다. 그것은 어떻게든 엄마의 마음에서 어떤 형태로든지 작동하고 드러납니다. 엄마의 마음 깊이 움직이던 욕망과 두려움이 아이로 인해 크게 요동치면서 마음의 두려움과 욕망의 양극단이 힘을 갖고 엄마의 마음을 끌어당깁니다. 이때 엄마 마음의 중심이 튼튼하고 자존감과 친밀한 사랑 경험이 탄탄할수록 양쪽으로 밀고 당기는 힘을 잘 견디며 중심을 잡을 수 있습니다.

'나는 내 아이를 꼭 이렇게 키워야지!', '난 내 아이를 절대 그렇게는 키우지 않을 거야!'

아이를 향한 마음의 에너지가 과도하게 작동하거나 오남용되어 작동하게 되는 경우 양극단의 두 명제는 강력하게 마음을 분열시킵니다. 안전과 생존을 위해 가장 강력한 두 메시지를 경험하지 않을 수 없습니다. 여기에 끌려다니거나 이것을 붙들어 중간 지점에서 현실적으로 대처하거나 하는 엄마의 마음 능력이 엄마의 양육 효능감과 양육의 질을 좌우합니다. 엄마 마음의 작동을 잘 감지하면 양육의 길이 보입니다. 엄마 마음이 합니다.

어부바엄부

ⓒ 이고숙 · 양승봉, 2024

초판 1쇄 발행 2024년 11월 6일

지은이   이고숙 · 양승봉
펴낸이   이기봉
편집   좋은땅 편집팀
펴낸곳   도서출판 좋은땅
주소   서울특별시 마포구 양화로12길 26 지월드빌딩 (서교동 395-7)
전화   02)374-8616~7
팩스   02)374-8614
이메일   gworldbook@naver.com
홈페이지   www.g-world.co.kr

ISBN   979-11-388-3700-2 (03370)